［新版］

愛して学んで仕事して

～女性の新しい生き方を実現する66のヒント～

佐藤綾子

ACHIEVEMENT PUBLISHING

はじめに　「ナイナイづくしからで大丈夫、自分を主人公にして生きてみよう」

職場や家庭で「誰かのせいで大変だ」「あの人のせいでこうなった」と、ついつぶやいていませんか？

国際女性デーの今年のキャッチコピーをどうぞ、「#わたしを勝手に決めないで」。長年女性たちと共に闘ってきた私としては、フームついにここまで来てくれたか、というのが実感です。何と言っても女性受難時代の現在七十代、団塊の世代代表だからです。難しい話をなるべくシンプルに言いましょう。

「私」は、「私が決める」のですね。

これこそよい人生を送るために最も重要な考え方です。

一〇〇年時代で何が変わる？　人生時間の長さが変わります。生涯健康、生涯勉強、生涯美貌、生涯就労……。最期まで楽しく過ごすために、私たちは生き方を変えなければなりません。

何を、いつどんな時間を使って、どのように表現するか。自己表現の積み重ねによって自己実現になる。それを決めるのはあなたの特権なのです。

今から三八年前の一九八一年、結婚か仕事かの二択しかなかった時代に『愛して学んで仕事して』（グラフ社）を上梓しました。子育てをしながら、キャリアアップをめざすひとりの主婦の生活戦略は、なんと小都市の人口に匹敵する二十三万部も売れてしまい、腰が抜けそうなほど驚いたのはほかならぬ出版社の社長と著者本人でした。

その時代を私は女性の仕事についての「第一期　男社会のワンオペレーション時代」と名付けました。社会の上層で決定権を握るのはみな男性の男社会。女性はまるで障害物競争のように叩かれながら苦労して仕事をした私の世代。

そして「第二期　一九八五年からのツーオペレーション時代」。同年の男女雇用機会均等法制定で、男性と同じように女性の雇用が決められました。

いよいよ今年働き方改革関連法施行、「第三期　コ・オペレーション時代」です。でも男性と協力しながらパワフルでしなやかで優しく強い女性の活躍する時代です。

実は、日本は世界のキャリア女性格差先進国ワースト三位／二十一ヵ国。家事に、育児に、仕事に、学びに、人間関係に、いろいろ大変なのです。

「大変だあ、職場と子育てでくたくたです」「勉強したいけど時間がない」などという声も頻繁に聞きます。

三八年経つと「時の審判」が働いて真実なものだけが生き残ります。題名が象徴する「愛して学んで仕事して」という女性の絶対の真実の三立精神は活かして内容を完全に書き換えました。ここは一丁力を込めてちょいと先輩の応援隊というか、正確に言うと今もバリバリ現役の、選手兼応援団長の私が今、読者のあなたに必要だと思ったのです。

あなたの人生という大きなステージに、あなたはあなたを主人公としていろいろな人と手をつなぎながら素晴らしいドラマを作り上げていく。これを私の専門分野では「ライフパフォーマンス」といいます。これこそが一〇〇年時代を生き抜く最大の知恵。誰かから命令された役柄を仕方なくやるのはもうおしまいにしましょう。自分を表現し、その伝え方がわかれば、人生は何もこわくない。専門用語でいえば「表現主権」と「時間主権」があなたの持ち物です。それを忘れなければ大丈夫。人生一〇〇年は絶対に面白くなります。

＊＊＊

そうでした！　心理学の専門用語など出してしまったから、「本当の私」の紹介もひとこと。長年、大学の教員をやってきています。専攻は「パフォーマンス心理学」、心理学領域で博士号をもっています。

でも、初就職の一年間は江戸川区立中学校の英語教員でした。理由あって「自主的首」になったのですが、今も誰一人私を「佐藤教授」などと呼んだためしがない、学生からも同僚からも仕事仲間からもご近所さんからも常に「アヤコ先生」か「アヤコさん」。長野県松本市の小さな町から来た「金なし、コネなし、地縁なし」「名門の出身でもなく、とくに強い体力もなし」、要するに「ナイナイづくし」の代表選手が私です。ではあったものは何？　とびきりいっぱいの「愛」です。よけいキザ（？）ですね。ではこの辺で本文へ。

目次

第2章 「私」を私がどう決めるか？

第3章 時間管理と勉強法 83

プロローグ「そして六本木二〇一八」

「女性たちはたくましい！　きっと苦しいこともあったはずなのに、その経験さえ無駄にしないでしなやかに生きている！」

それが二〇一八年一〇月二六日の六本木の会場での私の感動でした。

コトの発端は、一九八一年に最初の本『愛して学んで仕事して』を出してから二七年目の昨年五月の一通のメールです。「『愛して学んで仕事して』は私の二十代からの人生のバイブルでした」と、始まったのですから驚くのも当然でしょう。

二七年といえば人生一〇〇年の三割です。その間ずっと一冊の本を、それも有名でもない人が書いた本を大切にして、その中身を活用して生きてくださっている女性がいる。これで感謝感動しない筆者がいたら私は顔を見たい。いや、もうこちらからもお願いして会うことにしました。

ところがその二か月の間になんと同じような、要するにこの本の読者だった女性たち合計五人からさまざまな手紙やメールが来て、その中の一人は知人を介して会いにくると書いてあったではありませんか！

「これはえらいことだ、女性たちが今私に何かの答えを求めている」とそれこそ勝手に私は決めました。

決めたら実行する。

勤務先のハリウッド大学院大学の山中理事長先生に「会場を貸してください。女性のためです」と申し出て快諾を得て「佐藤綾子キャリア女性塾」という名前でセミナー開催。実行には倫理法人会という組織の女性委員会の皆さんが進んで動いてくれました。

そして当日、急にもかかわらず予定の八十人を超えて集まった一八〇人の女性参加者たち。その中に、五人はいました。いきさつを説明して「手を挙げてください」と言ったら、笑顔の五人が挙手。会場はみな拍手。

五十代後半のAさんは大手企業の社長秘書です。「二十代であの本に出会ったから今の自分があります。一度会いに行きたいと思って」。

Bさんは四十代で人材教育の会社を経営されていますが「つらいときにあの本を読み返して元気をもらいました」とのこと。

Cさんは「大学に入って、何かものたりないときにこの本に出会い、仕事も結婚も頑張るぞと勇気をもらいました」という四十代。

Dさんは「結婚するときに母からもらって、元気が出ました。本物のアヤコ先生に会いたいです」というまだ三十代です。

Eさんは五十代の主婦で「子どもが結婚して巣立ち、私の人生あと四〇年どう充実させるの、と急に不安になり、昔の文庫本を読み返しました」とのこと。


五人とも年齢や背景は違っても一冊の本でつながっている。

そうなると「豚もおだてりゃ木にのぼる」のたとえどおり、つい私も本音が出て「私も五十四歳のときもう死にたいと思うくらいつらい目にあったけど、ふと道端の土ぼこりにしがみついて咲いているクローバーを見てフッと笑顔で『きみ偉いね、頑張って咲いてるね』と言ったらその自分の言葉で元気をもらいました」と。

「元気のもとは意外に身近なところに落ちてますよ。心の底まで変えなくていいから、小さなつぶやきや顔の表情を変えてみましょう。効果抜群だから。私はその専門データも持っているの」とひとこと。実体験に加えてちょっとは研究者としての知恵をご披露したしだいです。

まあ、本著もこの調子でゴー。

第1章

一〇〇年人生の最大資産は自分
自分資産を育てる

1. ライフパフォーマンスにはゴールが必要

マラソンにゴールがあるように、人生にもゴールがある。そのゴールに向かって、一歩ずつ進んでいくのが人生。その人生の毎日の自己表現を「ライフパフォーマンス」と名付け、一生かかって進む目的地を「ライフゴール」と名付けました。一生かかってどこへ進むか。最初から親の跡を継いだ歌舞伎俳優や能楽者のように、何代目と決まっていて、ライフゴールが決まっている人も世の中にはいるでしょう。でも、大半の人は、これを見つけるのが一苦労。

例えば、ちょうどこの本を書き始める数日前、ある場所で市民セミナーがありました。講師として招かれて、「人生一〇〇年をどう生きるか」のテーマで話したあと、美しい四十代の女性が、「実は主人はほとんど一年中単身赴任が多く、子どもは高校二年生と大学生で手がかからなくなった。さて、私は何をするのだ、どこへ行くのだ、と思ったら、何も見つからない。だから、今日出席しています」とのこと。上は九十代から下は二十代までの女性たちが真剣にうなずきました。同意者もたくさんいたようです。

長年、日本社会では、一つの会社に入ればその中で係長、課長、部長と偉くなり、出世していくという組織の中でのステップアップが当たり前でした。第一期、二十代から三十代は「舟下り期」。不安定なボートに乗ってゆらゆら流されて、行き当たりばったりにいろいろな人と出会い、その中から自分のチャンスを探してもいい。

そして、第二期、四十代から五十代の「山登り期」。自分の目的地が見つかって、そこに向かってステップアップしていくためにさまざまな努力をする。第三期、「人脈期」または「恩返し期」の六十代から七十代。会社や社会である程度のステイタスを持ち、後輩たちに何かを返していく時期です。でも、今は違います。

イギリスでリンダ・グラットンがとんでもない本を出しました。『LIFE SHIFT 100年時代の人生戦略』（東洋経済新報社）です。

「日本人は六十五歳まで一生懸命働いて、八十四歳で死ぬなどと言っていられません。百年生きる人生を厄災と考えるか、幸福と考えるか。学ぶとき、働くとき、それ以後の刈り取りの第三期を過ごしていくかを個人個人が決めるときに来た」というのです。

六十五歳まで働いて、八十四歳で死ぬ。二十二歳まで勉強をする第一期。六十五歳まで働く第二期。六十五歳から八十四歳まで、社会に恩返しをしたり、孫の面倒を見る第三期。今はこんなふうに人生単純ではない。長い人生を思いきりいい人生にするのが賢明というもの。

簡単にいえば、何歳から何歳まで何をすべきというパターン化した人生は今どこにもない。皆さんの周りを見ても、例えばタレントの萩本欽一さん、通称・欽ちゃんは、七十三歳で駒澤大学に入学しました。彼曰く、「病院に行きたくなかったら、大学に行きなさい」。

二十代で社長になる人もいれば、大恋愛をして、子どもを産んで七十代で大学生になる人もいる。ライフゴールを何歳で設定しても手遅れではなく、人とまったく違ったライフスタイルでもOKだということになりませんか。私が私を決めるのは、相当幅のある、自由のある、素敵な時代になりました。

Q. パフォーマンス学と選択理論のいい関係

一〇〇年人生には「ライフゴール」の設定が必要だと前項でお伝えしました。私のライフゴールは「パフォーマンス学の普及によりみんなの幸福と成功に貢献すること」です。一九七九年ニューヨーク大学大学院に世界初のパフォーマンス研究学科ができて、すぐに渡米し、飛び級卒業世界の第一期生として、一九八〇年日本で「パフォーマンス学」創始。自己表現をわざわざ教育しなくても大丈夫という日本人の認識の中で、相当に苦労しました。最初は大学教授の職がないどころか、「何それ?」のありさま。

でも、『パフォーマンス人間の時代』(青春出版社)が幸運にも初版から七万部も売れ、パフォーマンスという単語がその年の流行語になり、商標登録をカタカナの「パフォーマンス」と英語の「PERFORMANCE」でとり、首相はじめ国会議員教育にも広がりました。今はとくに顔の表情としぐさなどの非言語研究では日本一の実験データを持っています。

ちょうどその頃です。柿谷正期先生が「リアリティセラピー」の学びを開始しました。精神科医のウイリアム・グラッサー先生の提唱された理論が実際に刑務所の受刑者の再犯を防ぐなどの大きな効果を上げ、柿谷先生がこれを日本に導入されたことを知りました。

それから三〇年余りです。長いお付き合いのアチーブメントの青木社長とのご縁もあり、再びリアリティセラピー発の「選択理論」が気になって、今年のゴールデンウィークの日曜日、平塚の柿谷先生の湘南見附キリスト教会で礼拝に参列しました。

「先生、選択理論を一言でいうと、パフォーマンス学と何が共通しているのでしょうか」

「あっはっは。その答えは簡単。今度一度集中基礎講座の授業を受けてみるのが一番いいですよ」

聞いた私は多分一日研修だろうと軽く考えて、「はい参加します」と即答。あとでビックリ。これが何と七月一三日から三日間、朝一〇時から夕方一九時まで昼食をはさみぶっ通し合計二十四時間の受験生並みの集中講義！　大学教授、会社経営、講演に単行本とただでさえ睡眠不足なのに寝る暇もない。でも、猛烈に面白かったのです。

第一日目の半日が終わったところで、はっと気づきました。

「これは私のパフォーマンス学と土台が共通する」と。

三日間、選択理論を学んで共通性についての確信はますます深まり、終了後は「比較論文を書いてもいいな」と思うぐらいでした。そのせいでしょうか。講座が終わって自分以外の十四人から集まったアンケートには「なんてパワフルなアヤコ先生でしょう。そんな女性になりたい」などと、若い人全員が楽しいことを書いてくださっていました。友情に感謝。

　選択理論では外からの情報が入ったときに、自分が身につけた「上質世界」のフィ

マズロー心理学（1945）

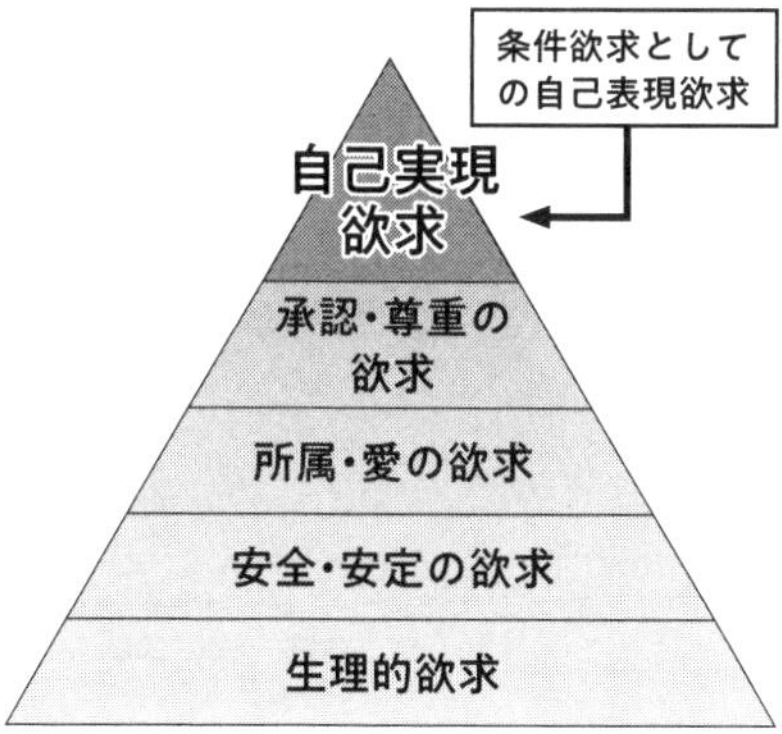

選択理論心理学

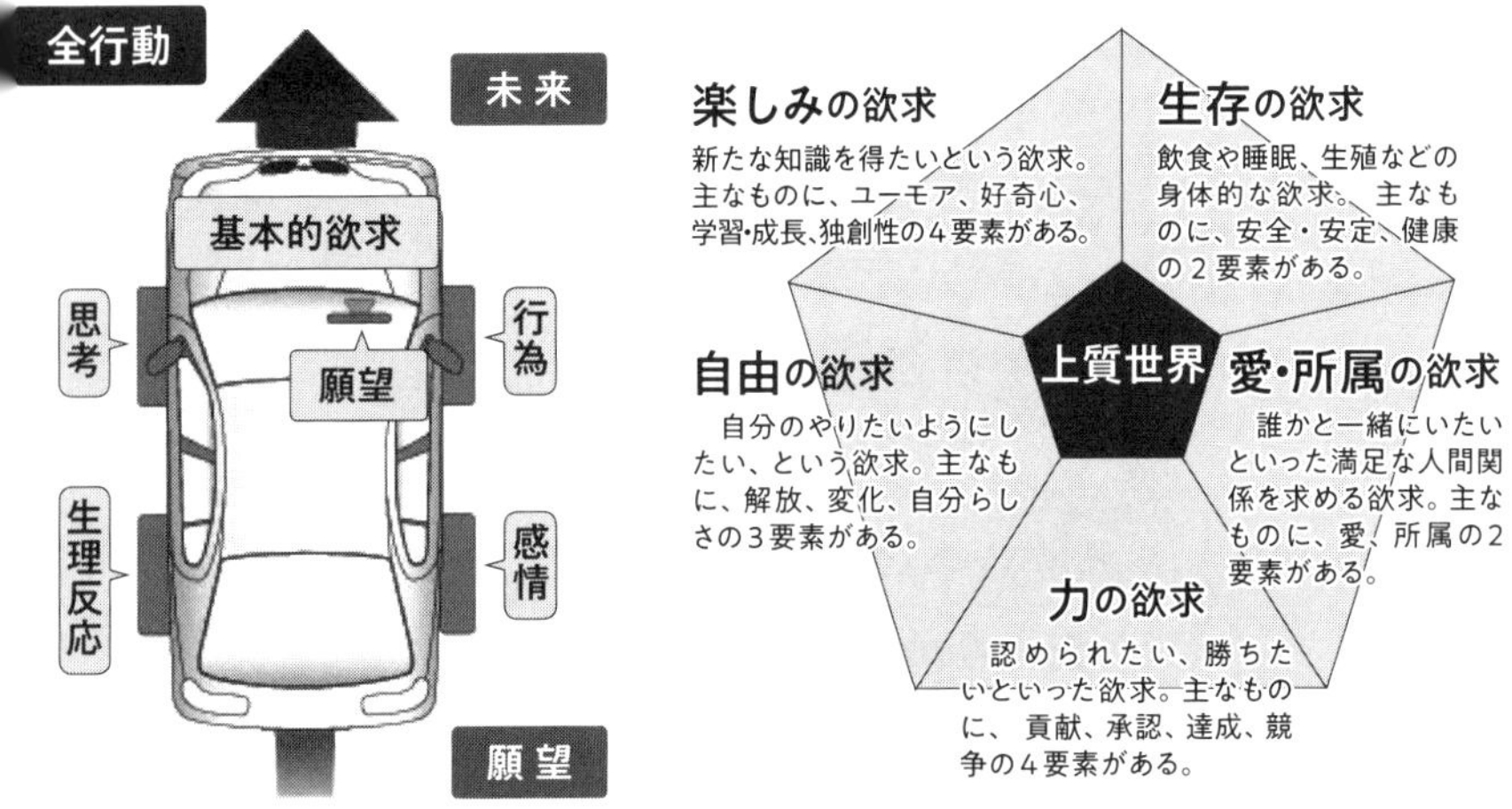
全行動
未来
基本的欲求
思考
行為
願望
生理反応
感情
願望
楽しみの欲求
新たな知識を得たいという欲求。主なものに、ユーモア、好奇心、学習・成長、独創性の4要素がある。
生存の欲求
飲食や睡眠、生殖などの身体的な欲求。主なものに、安全・安定、健康の2要素がある。
上質世界
自由の欲求
自分のやりたいようにしたい、という欲求。主なものに、解放、変化、自分らしさの3要素がある。
愛・所属の欲求
誰かと一緒にいたいといった満足な人間関係を求める欲求。主なものに、愛、所属の2要素がある。
力の欲求
認められたい、勝ちたいといった欲求。主なものに、貢献、承認、達成、競争の4要素がある。

パフォーマンス学・行動心理学

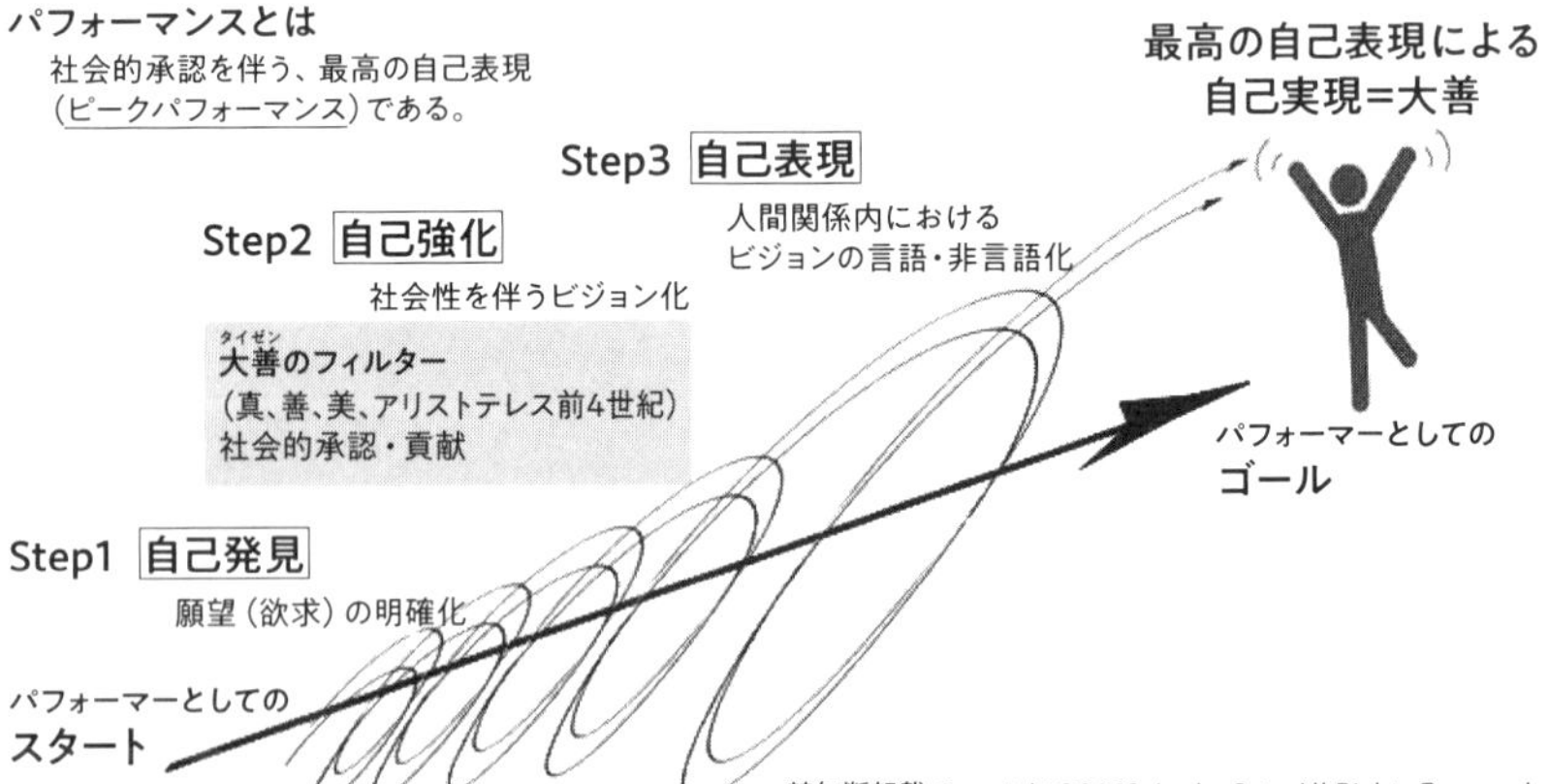
パフォーマンスとは
社会的承認を伴う、最高の自己表現（ピークパフォーマンス）である。
最高の自己表現による
自己実現=大善
Step3 自己表現
人間関係内における
ビジョンの言語・非言語化
Step2 自己強化
社会性を伴うビジョン化
大善《タイゼン》のフィルター
（真、善、美、アリストテレス前4世紀）
社会的承認・貢献
パフォーマーとしての
ゴール
Step1 自己発見
願望（欲求）の明確化
パフォーマーとしての
スタート

ルターを通して感情や生理反応が整理されて、行動や思考になって私たちの言動として目に見える形で出ていきます。それを「全行動」と呼んでいます。

パフォーマンス学では、自分の中に何かの欲求が湧いてきたら、これをマズローの欲求段階説（Hierarchy of basic needs）に基づき五群に分けます。「生存の欲求」「安全・安定の欲求」「所属の欲求」「他者からの承認賞賛、愛の欲求」、そして最後は「自己実現の欲求」です。（選択理論では「生存」「愛・所属」「力」「自由」「楽しみ」の五群）。

この欲求をただ心に浮かんだまま言葉やアクションとして外に出す前に、ギリシャのアリストテレス以来の「大善（真、善、美）」のフィルターを通し「社会的承認・社会的貢献」を伴ったものかをチェックします（詳細は第5章第7項を参照）。

そのうえでこれを言葉と言葉以外の非言語に徹底的に組み立てて表現していき、願望が相手に伝わり、相手とよい人間関係（ヒューマンネットワーク）が完成して社会の中で自己実現していく。

簡単にいえば自己発見→自己強化→自己表現の三ステップを経て第四ステップ自己実現（ピーク・パフォーマンス）に至る道です。心を鍛え、心を育て、最終的にはそれをきちんと伝えていく。

私が四〇年前ニューヨーク大学で学んだときに指導教授のリチャード・シェクナー博士は「日常生活における意図的表現」と定義して「善性」という言葉を入れていませんでした。

それを今から四〇年前の一九八〇年に私が日本でスタートしたときに、「日常生活における個の善性表現」という定義に改めたのです。「大善」と「上質世界」、まさにパフォーマンス学と選択理論はいい関係です。

3. お金という「有形資産」

預金通帳に五十万円と記入されていれば、明らかにそれは五十万円、一万円札ならば五十枚という意味ですね。誰の目にも価値が同じように見えるものです。「大きな家に住んでいます」「小さな家に住んでいます」と言うとき、その家がまったく同じ地域にあり、同じ建設会社で同じ材質で建てられていれば、小さい家より大きい家のほうが価値が高い。

こういう有形資産は目で見てわかるので、増やすのが楽です。例えば、あなたが二十代で最初に会社に就職したとき、今は1LDKのマンションを借りているけれど、預金口座に五百万円貯まったら、思い切って2LDKのマンションに引っ越そう。もしレンタルだとしたら、頭金と権利金、敷金と最初の月の家賃で四十万円というように、誰が見ても数字の価値は一緒です。これが有形資産です。

最もわかりやすい有形資産はお金でしょう。キャッシュでタンスの引出しに貯めている人は、それを数えれば、多いか少ないかがわかる。預金口座に貯めている人だって同じことです。そうなると、育て方も実は簡単なのです。「お金持ちかどうか」という言葉をそのまま、「財布にいくらお金を入れているか」という言い方で単純に数えるとしたら、収入から支出を引いた残りが今、自分の手持ちのお金ですね。お小遣い帳や現金出納帳をつければ一目瞭然。

そうであるならば、もしも収入が同じだったら、どうやってお金という有形資産を育てていくか。それは当然、支出を減らすことでしょう。昔から「入るお金を増やし、出るお金を減らせばよい」と小学校の先生だって言っていました。もしも収入が一定だとしたら、何にでも同じ比率でお金を使っていたら、すぐにあなたの財布はパンクします。支出に優先順位をつけることです。

例えば「私は何よりも体が資本だから、食費とスポーツクラブのお金だけはケチをしない」と決めている人はそのようにして、あとは節約をしても、ちっとも自分がみじめではないでしょう。「自分に知識や教養をつけることが第一だ」と思っている人は、書籍代、セミナー代などに支出のウエイトがかかるでしょう。その分、映画を観に行ったりオシャレをしたりする分は削らなければいけないかもしれない。

結局、自分の生きていくときの価値観がはっきり決まっていることが、お金の優先順位を自動的に決めることになります。あなたの人生の価値観は何ですか。お金を貯めることですか。幸せになることですか。お金がなくても健康で楽しい一生ならいいと思っていますか。力をつけて会社を作ることですか。人生の目的をはっきりさせましょう。そして、どこに最大の価値を置くか、それだけは一つ絶対に決めましょう。その価値観が据われば、その価値観に、「価値観さん、これを買ってよろしいですか」

と聞けば、「いや、第一優先ではない。それはお金が余ったときに買えばいい」という、あなたの価値観からの答えが出てくるはずです。

価値観を決めて、使い方の優先順位を決めること。一方で、収入を増やすという作業も大事な有形資産の育て方です。あなたの仕事は時間単価にしていくらになっているのか。現在の収入は安くてもよいとして、どれだけ今後さらに大きな収入を生むのか。現在収入と現在支出、将来の収入の予定と支出計画。これを一度、一枚の紙に数字でしっかり書き出してみましょう。お金という有形資産が今のあなたのやり方で増えていくのか減っていくのか、明快に答えが出ます。

4. 稼ぐ力は、つけたい気持ちについてくる

松下幸之助さんの有名な水がめの話をご存知ですか。松下幸之助さんは無計画にどんどん事業を拡張したり、自信もないのに大金を借りたりして、あとで自分の首を絞めるような経営の仕方が嫌いでした。

そこで、何度か講演の中に同じたとえ話が出てきました。「一つの水がめに水をためて、そこから水が溢れ出すようになったら、溢れた水で次の仕事を始めなさい」。要するに一つ安定した収入を作ってしまって、そのゆとりの中で次を開始しなさいという堅実な教えでした。

その講演会の会場で、一人、質問者が問いました。「先生、最初の水がめに水をいっぱいためるにはどうしたらいいですか」。要するにその質問者は、必要なお金をまずいっぱい貯めるには、どうやったら稼げるのかと聞いたのでしょう。

松下幸之助さんは、「それはあなた、あなたが水をいっぱいためようと思わなければいけませんな」。聞いた人はちょっとがっかりした様子だったとのこと。水をためる、つまりお金を貯めるには、どういう方法がいいですよと手取り足取り教えてくれると思ったら、稼ぎたいなら稼ぎたいという気持ちをまず持たなければいけないという答えだったのですから、なーんだという顔をしたとのことです。

ところが、会場の中で、ギュッと胸をつかまれたように感動して、「なんと素晴らしい答えだろう。そのとおりだ」と目から鱗が落ちて、その後の人生観が決まった人がいます。それは京セラの創業者、稲盛和夫さんでした。稲盛さんは、「そうだ、稼ぐには稼ぎたいという気持ちがなければダメなんだ。稼げるか稼げないかは、稼ぎたいという気持ちの強さに比例している」。

もちろん、そのとき京セラはまだ、今のような大きな組織ではありませんでした。でも、その青年がのちに「京セラは狂セラだ」と言われるくらい、社長以下社員一丸となって猛烈に働いて、あの京セラを打ち立てたのです。そのきっかけは松下幸之助さんのたった一言だった、と稲盛社長ご自身から聞きました。

私もときどき聞かれます。「アヤコ先生、どうやったら高収入が手に入るようになりますか」。残念ながら私は今だって、とくに高収入とは思っていません。でも、低収入とも思っていない。どちらかといえば、日本人の平均よりはやや多いかぐらいの大雑把な気分です。でも、もともとお金に関しては、親から与えられた自分の哲学がありました。「お金を稼ぎたいと思うならば誰よりも努力しなさい。そして、稼ぎたいという気持ちを失ったときに、努力は止まるんだよ」と。

「稼ぐ力」というパッと見、えげつなく感じる単語かもしれませんが、これほど正直で、いい単語もないでしょう。稼ぐ力は、それをつけたいという気持ちの強い人にあとからついてくるものです。「稼いでさらに社会貢献しよう」と、今でも思っています。

5. 見た目も財産、「美貌格差」の真実

「学力に格差をつけるな」とか「男女で格差は不平等だ」といろいろな不平等を叫んで、私たちは、やれ、格差社会だと声を上げます。けれど、なんと『美貌格差』というタイトルの本がアメリカで十万部以上も売れたことをご存知ですか。「美貌格差。あれまあ、なんとけしからん」と思った人と、「美貌格差。そうよ、私は得なのよ」と思った人の二群がいるでしょう。

この筆者は、テキサス大学のダニエル・S・ハマーメッシュ教授です。ハマーメッシュは事細かに美人と不細工、あるいは美人と美人でない人とで金銭的にどれだけ違いが出てくるのかということを本にしたのです。原題は『Beauty Pays』です。直訳

すれば、「美はペイする」。要するに美貌であることは価値があるという本なのです。
なぜ？

見た目が美しいだけで、美しくない人と生涯年収の差が二千七百万円もあるというのです。不細工な人が聞いたら、きっとキリキリと歯ぎしりをして怒りそうな金額です。でも、ハマーメッシュは、それを裏付けるちゃんとした情報源も明記していますから、多分本当なのです。初任給だって違う、転職のチャンスも違う。結婚するときも美人は収入の高い人と結婚し、そうでない人は収入の低い人と結婚するというわけです。

「ウソー」という向きは、「トロフィーワイフ」という昔からある英語の言葉を思い出してください。収入やステイタスの高い男性は、そのトロフィーとして美しい女性を妻にしているというのです。ハッと思いついたのはトランプさんですか。収入やステイタスが高ければ美人の奥さんが二回も三回も来てくれる、というのです。

読者のあなたが賛成しようが反対しようが、それは自由だと思います。けれど、アメリカにおける生活と雇用の質の調査を一つご紹介しましょう。十八歳から六十四歳の人を対象に一九七〇年代に取ったデータです。一四九五人の女性と一二七九人の男性を調査対象にしました。その結果、雇用の質を点数で表した場合、容姿がよいことは、同じ年齢や同じ性別の中で見ると、男でも女でも、そうでない人よりプラスという細かい点数が出ています。詳細は原本を見て頂くとして、「ああ、残念。だったらもう私は鼻が低いからダメ」「目が小さいからダメ」と言うのはちょっとお待ちください。私は「表情研究の専門家」です。山のように実験データがあります。見た目の顔は、実は顔の部品の配置よりも、動いている表情筋の印象のほうが大切です。活発にクルクルとよく動く表情筋。驚いたときは大きく目を見張り、人の話を聞くときも、ちゃんと目を見開いて聞けるアイコンタクトの持ち主。会議で椅子に座っているときや立って発表するときの姿勢が、猫背だったり、貧相な格好ではなくて、ピンと背筋を伸ばし、やる気に溢れている。

美貌が顔と体格の美しさだと仮定するなら、実は顔には表情があり、体格（ボディ）にも身体動作、しぐさ（それを研究するのはキネシックスという私の大事な分野）、どのような印象かということが、実際の顔のパーツが示す並び方の美貌よりも私たちの心を捉えるのです。

考えてみてください。額の中で止まっているモナ・リザと、あなたの隣の席に座っている、いつも愛くるしくかわいい発言をしながら目を輝かせているAさんと、どっちが好きですか。当然Aさんでしょう。モナ・リザは動いてくれませんから。生きている人間の美貌は、表情の動きや姿勢でも構成されます。そんなことでよい格差が作れるならば、むしろラッキーと思いませんか。

6. よい表情は最強のメイク

電車に乗っているとギョッとするようなメイクアップの人がいます。実際の目の二倍も大きく書いて、こっくりこっくり居眠りをしている。するとどうなるか。彼女は座って、私はその目の前に立っている。アイラインを三ミリもの太さで引き、アイシャドウをさらに六ミリ、濃い色でつけて、パッチリと付けまつ毛をしている。さっきこの人が乗ってきたとき、本当に美人だったっけ、と私は過去を懐かしむ。十分後の今、私の目の前にいるその人は、こっくりこっくり居眠りをしているのに、だって半分以上メイクですから。しっかりと目を凝らすと、付けまつ毛のふちの境目の線もよく見える。上から見下ろされると思っていなかったのでしょう。

それにしても思うのは、メイクで全部をごまかすのは無理だということ。そもそもメイクアップという単語は、最後の仕上げ、フィニッシュに近い意味、補う、補強するという意味です。もともとの顔をメイクでまったく別人にするなんて、それは大胆不敵、無謀というものです。そうであるならば、メイクはナチュラルに徹して、表情をどんどんよくしたほうがよろしい。大頬骨筋と小頬骨筋、要するに頬の筋肉をクイッと引き上げて、よく笑う。話をするときは口の形を意識して、もごもごもご言わず、はっきりしたメリハリのある口の形で発声する。驚いたら目を見開き、悲しいことがあったら眉頭を寄せて、自分も悲しい、と悲しみを顔の表情で伝える。

こんなことができることが顔にとっての本領発揮というもので、実際の顔と違うのに、やたらにゴテゴテ塗りたくられるのは、顔だって迷惑です。肌にもよくないし、見た人だって、「あの人はどんな人だっけ。ああ、目がパッチリと思っていたのに、実際の目はその半分だった」なんて、ある意味、詐欺師です。

よい表情こそ最強のメイクだと心得ましょう。しかも、タダです。化粧品に使うお金を自分の表情をよくすることに使ったら、あなたはきっとお金が貯まりますよ。

7．無駄な恋など一つもない

「あの人と付き合っていて、ちょうど自分が結婚に最適だった三十歳前後を失ってしまった」とか、「結局フラれて、あの恋は無駄だった」という話をする女性は少なくありません。でも、とても残念だなあと、聞いた私は思います。あの恋愛は間違いだったとか、残念だったとか、損をしたと言うのは、せっかくその人がした恋愛自体の価値を低くしてしまうし、そんな恋愛をした自分自身の価値を下げていると感じるからです。

そう言わないで、「あの恋は素晴らしかった」「あの恋愛はたまたま失恋になったけれど、私が彼にあれだけ情熱を傾けられたのはハッピーだった」という言い方をしませんか。

恋愛がすべて結婚に直結するとは限らないぐらいのことは、あなたもご存知ですね。恋愛がすべて成功し、失恋しないなどという保証はどこにもないことも、あなたはご存知ですね。それなのに、その恋が実らないと損をしたとか、時間がもったいなかったなどと言います。そう言った途端に、あなたがした恋の価値が下がります。「あの恋愛ではお金は損したけれど、たくさん勉強させてもらった」「あの恋愛は結婚にはならなかったけど、幸せな時間をいっぱい過ごせた」、そんなふうに言い換えませんか。

結局その恋愛が成功だったか失敗だったかは、そのあとのあなたの人生が幸福か不幸かということで決まると私はいつも思っているのです。過去に起きた出来事は変えられない。けれど、過去に起きた出来事の評価は変えられる。評価が変わったことで、過去に起きた出来事そのものも違った色に見えるのです。

今、パフォーマンス学でも大きなウエイトを占めている神経言語プログラミング（NLP：Neuro Linguistic Programing）でも、実はこのテクニックを使っています。

「あれはグレーな恋愛だった」と言うよりは、「あれはスカイブルーの恋愛だった」と言い、本当にその色をイメージしたほうが、あなた自身の今が充実していることの証拠になるのです。また、そう言えたことで、あなたはハッピーな気持ちになります。何かを卒業した大人の女の気分になるでしょう。

8. 努力は絶対に人を裏切らない

会社の経営者たちに何度も同じ質問をしてきました。「就職面接で、パッと見て才能がある人と、パッと見て才能はないかもしれないけれど、誠実で努力家だと感じる人とどちらを採用しますか」。今まで三〇人ほどの経営者に聞きましたが、なぜかみんな答えが一緒でした。努力する人、誠実な人がいいというのです。なぜでしょうか。

ウサギとカメの話があります。足の速いウサギは途中で昼寝をして、カメに追い抜かれるという話です。まあ、この話は根本的におかしいと私は思っています。なぜならば、ウサギはカメと競争しようなどと思いっこないし、カメもまたウサギと競争しようなどと思いっこない。だから、それは童話の世界なのです。

それはさておき、同じような力の人が用意ドンでスタートしたら、そのときの才能以上に努力家は伸びていきます。伸びしろがあって熱意があれば、必ず伸びていく。ところが、そのとき、ある一定の才能があって、仲間よりは頭一つ分ぐらい上だったけれど、人をバカにして、「俺様はできる」という顔をしている新人は、一年後には、ごく普通に見えた努力家の新人に追い越されています。実際にそうなるのを私自身も大学生教育に携わっている三四年間、ずっと見てきました。

努力は人を裏切らないのです。もしもあなたが自分という資産を大きくしようと思うなら、まずはできるところから努力開始。努力もしないでゲームに夢中になったり、テレビにずるずるとハマっていたりして、「私は人より出来が悪い」と言っているのは、単にあなたの言い訳というものです。しかも困ったことに、優れた上司や経営者は、あなたが努力しているかいないかを一発で見抜いています。ちょっとした言葉の端々、顔つきからわかるのです。見抜き方はまた別の機会にお教えします。

9. 好きなこと、夢中になれることの中にヒントがある

「自分の得意なこと、売りを自己アピールの形で言ってください」と言うと、社会人はほとんど全員が、好きなこと、得意なことを一つ以上言うことができます。ところが、大学生、あるいは大学や高校を出たばかりの人に、「好きなこと、得意なことを一個言ってください」と言うと、「うーん」と考えて、「得意なことってないですね」などと言うのです。

そこで必ず私が言うことがあります。「好きなことという言い方がまだ曖昧ならば、時計を見るのも忘れて夢中になれること。今現在、夢中になっていることは何ですか」。そうすると、好きなこととか得意なことと言われるよりも、多少現実的で楽なのでしょうか。「プラモデルを作り出したら止まらない」とか、「漫画を読み始めたら止まらない」「今、ゴルフの練習に夢中です」という具合に、何か熱中している、あるいは時間を最も積極的に使っていることを一つは必ず誰でも言うことができます。

実はその中に、あなたが将来、その道のプロフェッショナルとして伸びていくためのヒントがあるのです。

私の生徒さんの中に、チョコレートが大好きで、あちこちのパティシエのチョコレートを食べ歩いているうちに、ついに都内のデパートでチョコレートのバイヤーとして採用された女性がいます。旅に出るたびにチョコレートを買い歩き、それについての情報をパソコンに入力していた。それをデパートの就職面接で言ったら、なんと素晴らしいと採用になり、やがては、海外を回ってチョコレートを買い付けてくる仕事の専門家になったというのです。

好きなこと、夢中になれること、時間を忘れていることとって必ず一つ以上はあるはずです。それをとことん伸ばしたら、その道のプロフェッショナルになれる。これもまた立派な無形資産、あるいは自己投資です。

10. 自分という「無形資産」

「自分自身が財産だ」と、真剣に思ったことがありますか？　「いえ私なんか稼ぎも悪いし美人でもない」とおっしゃるあなたに。私はもっと貧乏でそのうえやっと学校にたどり着くような虚弱児でした。そのまったく無形であり無財である自分が、どうやって今、一応の無形資産としての自分として世の中に立っていけるようになったか。ほんのさわりだけその経緯をお伝えするので、参考になればと思います。

小学校は休んでばかり。大学生になって、やっとなんとか人よりいいかなというムードでした。ところが、卒業と同時に結婚したので、あっという間に子どもができて、一言でいうならば、コブ付大学院生、そして自分でお金も稼いでいたので、通訳で目黒六中、九中、十二中の英語講師を務め、講師という収入もありました。

一言で自分をアピールすることはパフォーマンス学では必要不可欠です。大人だったら一言で自分のことを言いなさい。それはいつも私が研修などでお教えしていることです。

そこで当時の私が作った名刺が「コブ付大学院生通訳講師主婦」。当然これは変わった名刺です。そんな名刺を持って、会った人が超偶然に超一流の人で、しかもご主

人が朝日新聞の記者というラッキーな初対面をやってしまったのです。その人にこの名刺を見せたら、面白がって「自分について何か書いてごらんなさいよ」というので書いたのが、ニューヨークで二年かかる修士号をたった一年で取り、しかもそれは途中でレイプされそうになったり一文無しになったり相当危ない目にあって大変な主婦の一年の留学の話でした。

それを見た編集者が単行本を書いてくださいと言ってきて、誕生したのが一九八一年に発刊した『愛して学んで仕事して』です。「この本のタイトルと同じだから、二八年前の焼き直しか」ですって？　そんなこと私がやると思っていますか？　二八年経ったら生まれた赤ちゃんが成人してさらに一〇年経っています。当然この本はまっさらの書き下ろし。

私には譲れない考え方があります。女性の人生が愛すること学ぶこと仕事することの三つで成り立っていて、これが無形資産である自分を大きく育てていくこと、そのことは時代を超えて不変真髄なのです。つまり、いつまでも続くということ。人生一〇〇年になって、あなたも私も百歳まで生きたとしても、「愛して学んで仕事して」ならばやり抜けるでしょう。

やり抜いた人が、自分という人間を無形資産にすることができます。あなたが今すぐにスタートしたら、私の年齢になる頃には、富士山のような大きな有形資産に負けない大きな無形資産になっていますよ。

11. 劣等感と劣等コンプレックスは似ているけれどまったく違う

「私って劣等感の塊なんです。背は小さいし、顔はブス。人としゃべるのも苦手だ

し、暗記力もイマイチ。要するにダメな女ですよね」と自分のことを散々バカにする
T子さんと私が出会ったのは、ちょうど一五年前でした。
「なんでそんなに自己卑下するの?」
「え、自己卑下なんかしてません」
「いや、今の言い方を自己卑下って社会心理学ではいうのよ。実物大の自分のこと
を実物大どおりに話せばいいのに、持っている力よりもずっとずっと少なく言ってみ
せるのが自己卑下。持っている力を三倍も五倍も大きく見せるように言うのは、自己
高揚的自己呈示、世の中でいうホラ吹き。最も適度なのは、等身大の自己呈示。この
自己呈示のことを英語でパフォーマンスと呼ぶんですよ」と説明をしました。
「等身大の自己表現ですって? だって私は背が小さいし、声も小さい。顔は美人
というよりは不美人です」
「そう、それはそれで正しい言い方でしょう。でも、あなたはそう言ってないの
よ。『ブスでチビで頭が悪くて、私なんかダメな人間なんですよ』とさっき言ったわね。
それは劣等コンプレックス、inferior complexなのよ」とちょっとだけ説明しました。

人と比べて何かが劣っていると感じるのは「劣等感」であって、「劣等コンプレックス」とは違うのです。コンプレックスは複雑にゆがんだ感情のことをいいます。どこか一部が劣っているから私はダメな人間だと言えば、これは劣等コンプレックス。そんな言葉を口に出すだけでも自分の価値が下がってしまい、聞いた相手も不愉快です。それよりも、「顔は美人じゃないし、背は低いし、走るのも遅い。でも、私、頑張り屋ですから、顔の表情をよく動かして不美人はちゃんとカバーできるし、これから勉強すれば知識だってどんどん増える」、そんな言い方に変えたら、劣っている部分はあなたの劣等コンプレックスではなくなります。

確かに、あなたの周りに、あなたよりもはるかに優れている人もいるでしょう。勉強がほかの人よりもできる、知識もほかの人より多い、仕事は早い、顔は美貌である、けれど、だからといって人をバカにしたり、上から目線になったりすれば、それは優越コンプレックスです。

「だから、みんな私よりバカなのよ」という言葉ぐせのある人は、必ず嫌われる。だから気にせず「ああそうですか」と放っておきましょう。

「私、ブスなのよ」「私、バカなのよ」と言う人といると疲れます。なぜならば、「そうではないわよ。私のほうがもっとバカ」と言いながら会話を続けなくてはならないからです。相手の劣等コンプレックスを打ち消してあげて、抱きかかえて持ち上げるようなものですから、聞いているほうが疲れてしまう。劣等コンプレックス、優越コンプレックス共に人から嫌われるのはこの理由です。

12. 褒めてあげられる自分を創る最大のコツ

イチロー選手の引退インタビュー。なんて印象的だったことでしょうか。「この引退に後悔がありますか」と聞かれて、「後悔などあろうはずもない」。なんてすごい言葉でしょう。

彼が出た最後の試合、スタンドは全員スタンディングオベーションでイチロー選手を称えました。イチローコールが鳴り響き、そこで勝利をしようが、しまいが、きっと彼へのリスペクトは変わらなかったでしょう。残念ながら、勝利は手に入らなかったけれど、イチロー選手の最後の姿を野球人だけじゃない日本人、多くの海外のスポーツファンが一斉に称えました。それを目の前で見て、「後悔などあろうはずもない」という名言が彼の口から飛び出した。私はテレビ局と新聞社に頼まれてこのときの映像分析をして、彼が自分のやってきたことを心から誇りに思って言葉を口に出していることがよくよくわかりました。口元に小さな微笑みがあり、目が穏やかでした。しかも輝いていたのです。後悔などないのです。彼は自分にベストを尽くしてきたから。

今やっていることとそのものに全エネルギーを集中する考え方をマインドフルネスと言います。きっとイチロー選手はそれをやってきたのです。今日の試合にベストを尽くす。コーチとして仕事をする場面ではコーチングにベストを尽くす。それをやってきたから、その次の瞬間に辞めるときが来ても、「後悔などあろうはずもない」と言い切れたのでしょう。

ヘトヘトの状態でマラソンゴールにたどり着いたアトランタ五輪のときの有森裕子さんも同じ台詞を言っていました。「自分で自分を褒めたい」。誰かに褒めてもらおうと思ったら、相手がそこにいてくれて、自分を見ていてもらわないといけない。でも、ベストを尽くしたときは、自分で自分を褒める資格あり。褒めてあげられる自分が毎日いたら、どんなに人生はワクワクするでしょう。一〇〇年人生も、とってもスリリング。それができるようにするためには、今、最大限のことをすることです。

三歳の子どもを見習ってください。三歳児は何かができていないとお母さんから言われたときに、「まだできていないけど、あしたはできるよ」とよく言います。英語で言えば、yetです。「I can't do it yet.（私はまだそれができない）、but I'll do it tonight.（でも、今夜やるよ）」となれば、昼間までできていなかった、その「まだ」は、夜には「今できた」とか「もうできた」になります。このことの繰り返しでいいのです。

三歳の子だったら、できないことが悔しいから一生懸命頑張ってできるようになります。大人もそうすればいいのに、大人は、「まだできていない」と言わずに、「私はできない」と言ってしまう。それは損です。比べる相手はほかの人ではなく、昨日の自分です。少しでも進歩したら、それが成長です。

第2章

「私」を私がどう決めるか？

1. 就職や結婚や学びの年齢に決まりをつけない

今、若い読者にこの話をしたら、笑い転げるでしょう。私が二十代の頃、女性には「結婚適齢期」という面白い言葉があって、それは二十二・五歳でした。二十二歳から二十三歳のあいだに結婚するのが最も適度であるというわけです。最も適している、だから結婚適齢期というわけです。それに暗示を受けたかどうか丸っきり覚えがないのですが、私は二十二歳で結婚しました。世間でいう結婚適齢期という暗示にかかったというよりは、たまたま恋愛から自然に結婚になったのが二十二歳のときだったに過ぎない。

そんなバカバカしいことを言う人は今はいなくなりました。でも、職場でいわゆる「おじさん」と呼ばれる上司や、ご近所でも年配の方たちが何気なく言うでしょう。「あらあら、まだ一人なの？　そろそろ結婚したほうがいいんじゃない？」と。余計なお世話だ。二十歳で結婚しようが、九十歳で結婚しようが、あるいは結婚しなかろうが、私の勝手。放っておいてちょうだいと思ったことはありませんか？

なんとなんと、あの小泉進次郎さんがこれについて痛快そのものの発言をしました。つい先日の医療系の講演会の檀上でのこと。ひと通り話し終わった進次郎さんに出席者の中の若い女性が手を挙げたのです。いつもは若い女性がいない学会なので、それ自体が物珍しく感じられましたが、多分、「第一講師・小泉進次郎氏」と書いてあったので、特別に参加したのでしょう。案の定、不思議な質問を彼女はしました。「あのう、なぜ結婚しないのですか。何歳ぐらいに結婚するのですか」。

それを聞いた進次郎さんは、腕組みをしたまま「フーム」と一秒唸ったあと、「あのね、僕は結婚しないかもしれないし、するかもしれない。結婚しても離婚するかもしれない。それもいつだかわからない。結婚の形態にはいろいろな形があっていいんじゃないの？　シングルで一生終わる人がいたって、そりゃあその人の自由でしょう。すぐに僕が三十代だから『そろそろ結婚は？』という質問は、ちょっとワンパターンだと思いますよ。

先日ね、ニュージーランドに自民党の議員何人かで視察に行ったんです。そうしたら、あの有名な首相、ご存知ですか。議会の部屋のすぐ近くにもう一つ、彼女の使っている部屋があり、ふと覗いたら、男性が赤ちゃんのオムツを換えていたんですよ。その男性は誰だと聞いたら、アーダーン首相のパートナーなんです、と。夫ではなかった。でも、こういう自由さはいいなあと僕は思ったんですよ」。一瞬、間を置いて、会場から大きな拍手が沸き起こりました。

何歳で結婚しろ、何歳で就職しろ、勉強するならば七十歳を過ぎたら難しいよなどと、個人差を無視して、勝手に決めないでほしい。それは私の実感です。あの欽ちゃんこと萩本欽一さんだって、七十三歳で駒澤大学の入試を受けて大学生になったではありませんか。私だって、最初の信州大学を卒業したのは二十二歳だったけれど、子どもが小学校に行くのを待って、三十歳で上智大学の大学院に再入学しているし、五十一歳のときに立正大学大学院の登録生になって、論文を書き、五十四歳で博士号を取っている。結局、誰かに何歳で何をやれと決められたようには走っていない。

では、もしもうまくいったとき、あるいはいかなかったとき、誰にその責任を取ってもらうの？　当然自分です。あのとき上司が「そろそろきみ、結婚しないと手遅れだよ」と肩をポンと叩いた。そう言われてみればもう三十五歳と焦って、どっちでもいいような男性と結婚した。そのほうがよっぽど問題です。

結婚や就職、何歳まで学べるか、いつ就職し、いつまた再就職するのか、そんなことはあなた一人が自分のライフゴールと体力、気力と相談して決めたらいいのです。周りの人が「まだ結婚しないの？」とか「お子様まだなの？」と余計なことを聞いたら、私には決めている答えがあります。「どうぞ、その答えはあなたの好きなようになさって」と言うのです。私自身は、それには何も数字で答えません。バカバカしくて答えられない。

Q. 子育てで育つのは自分

子どもを育てるのは大変な仕事です。

でも、子育てで一番育つのはだーれ？　実は、それは自分です。母親であるあなた自身、私自身です。

子どもほど理不尽なものはない。こちらがお腹がすいていなくても、お腹がすけば泣く。真夜中であってもオムツが濡れれば泣く。ちょっと大きくなって、部屋をきれいに片付けた直後でも、散らかしたければ散らかしてしまう。さあ出かけようと思っても、ちっとも着替えない。小学校に入り、少し手がかからなくなったかと思うと、今度は中学で反抗期が始まる。高校生や大学生になって、親は「こんな将来を」と子どもに描くけれど、必ずしも子どもは、それとは同じ方向に進まない。というわけで、子どもというものは常に、親の言うとおりにはならない。

自我が育てば育つほど、子どもは自分の意思を持ち、自分の足で動いていく。それを支配しようと思ったお母さんは、子どもの将来の邪魔をしてしまう。

でも、とまた私は考えるのです。子育てで一番育つのは自分です。「子育てをしている」と思うから、「自分のやりたいことができない」などと感じるでしょう。でも、「子育てで自分育てをしている」と思ったらどうでしょうか。生まれてから百歳で死ぬまで生涯かかって責任を持って育てなければいけないのは、誰でもない、あなたや私自身。子どもはある程度育つと、家を巣立ち、自分の人生を作り始める。子どもの自分育てが始まる。そのときに、自分育てをしない親は、「エンプティネスト（空の巣症候群）」になってしまう。自分育てをすれば、永遠に空の巣にはならないのです。巣の中には常に、育てるべき自分という人間がいるから。

忍耐力もつく。何を食べさせたらいいのかと勉強するので栄養学の知識も身につく。子どもにかわいい服を着せたいと思えば美意識も育つ。ママ友と会話をするためにコミュニケーション力も育つ。子どもが何か上手にできれば、「まあ、なんとうれしいことでしょう」と勲章をもらったように自分の達成感も得られる。というわけで、子育てはイコール自分育て。そのことに今、気づきましょう。そうしたら、子育てが大変だとノイローゼにならなくて済む。子育ての時間は、あなたの自分育ての時間とイコールなのです。

子どもを育て、現在、孫もいる私が思うのは、子育てをしながらお母さんたち自身がすくすく育っているという事実です。

3.「愛して学んで仕事して」はエネルギー配分の調節で簡単に

セミナーに来ている若い女性の後輩たちに、「『愛して学んで仕事して』を三立していくのが結局、最後には後悔がないと私は思っているの」と言うと、「その配分が困るんです。もしも結婚して子どもを育てながら仕事をするとしたら、勉強する時間はないと思う。愛すること、学ぶこと、仕事することの三つを並行していくには、その配分が難しい」。

なるほど、「愛して学んで仕事して」の三つをまったく同じエネルギーと時間をかけて並行してやっていこうと思ったら、それは大変に決まっています。あるときは家事と子育てに最も時間とエネルギーを使い、自分の勉強は、深夜にちょっと読みかけの本を読むぐらいになってしまうかもしれない。フルタイムで、ときには地方、海外出張まであるというような仕事をしている人は、結婚、出産、育児を同じ配分ではできないでしょう。

わかりやすいのは、水道の水量調節だと思うのです。あなたは三つの蛇口を持っています。愛する蛇口、学ぶ蛇口、仕事の蛇口。この水道の蛇口のどれを今、一番大量に流して、どれはちょっとお休みさせるのか、あるいは三つともチョロチョロと同時進行で水を流していくのか。その調節をするのは、自分の生活リズムを一番知っているあなたご自身だと思うのです。

もちろん、母親や先輩の女性たちが、「今はちょっとパートに切り替えて仕事を減らしたほうがいいと思うよ」とか、「在宅勤務にしてもらったら？」と素敵なアドバイスをしてくれることもあるでしょう。でも、いろいろな人のアドバイスを聞きながら、最後に決定するのはあなた自身です。自分の人生の主人公は自分、人生の主体はあなた自身だと前にお話しましたね。

4．元気とやる気のもととは？

四〇年前、一緒に経済研究会で委員をしていた超有名企業のS会長が、偶然最近、私の知人との会話の中で、「佐藤綾子さん、今何してる？　今元気にしてる？」と口火を切ったとのこと。私の友人の編集者は、「もちろん元気ですよ。ときどき、僕の仕事のほうが遅くなって、佐藤さんが書くほうが早くなり、『それを読んで気づいたことを言って』と言われて、気づいたことを言おうとしていると次の原稿が来る。一体あのやる気はどこから出るのか。昨日も夜中三時まで原稿を書いていたというメールが、夜中三時に届いたばかりですよ。『大丈夫？　寝てますか？　お体にご注意を』なんて、半分の年齢の僕がつい書いてます」。

会話の口火を切ったS会長は、ギャハッと笑ったとのこと。「きみね、僕と仕事をしてた頃の佐藤さんのあだ名は『元気印の佐藤さん』だよ。さらに僕の仲間の中には彼女をからかって、『元気印の綾子ちゃん』と呼んでいた人もいるよ」。

編集者はここで深く納得。しかし、三十代のときの私をご存知だった方と現在七十代の私を知っている編集者が共通に持った疑問は、なんで四〇年間も同じやる気が継続するのか、同じ元気が継続するのか。そこで彼からメールが来ました。

「綾子先生の元気とやる気のもとは何ですか」

「あら、いやだ。同じ質問を新聞のインタビューで来た人にも聞かれるし、雑誌のインタビューでも聞かれる。読者のメールにも書いてある。よっぽど化け物みたいな扱いになっているのね」と私。

でも、正直に言うと、化け物でもないし、元気とやる気の無限大製造機でもない。ごく普通の年齢相応の体力と気力を持った女性です。ただ、その体力と気力はごく普通の中身だとしても、出力する量が相当多いらしく、見た目では元気とやる気が同年齢の女性の三倍ぐらいに見える、それが本当のところです。なんで三倍に見えるの？答えは簡単。私の専門がパフォーマンス学、しかもそのパイオニアであり、第一人者と呼ばれているから。このパフォーマンス学のモットーは、「表現されない実力は、ないも同じだ」です。

では、元気とやる気はどうか。これまた表現されなかったら、ないも同じでしょう。例えば人と会話をするときに、こっくりこっくり居眠りをしていれば、「やる気があるの？」となるでしょう。「では、やっておくわ」と答える声が蚊の鳴くように細い声であれば、「元気ないね」となるでしょう、元気とやる気の量は、もしかしたらみんな一緒かもしれない。ただ、対人関係の中でそれをちゃんと相手に伝わるように見せようと思っているか思っていないか、ここがミソです。

人に伝わるように、自分の元気とやる気を見える化する。そのためには、猫背ではなく、背筋はピンと伸ばさないといけない。蚊の鳴くような声ではなく、明瞭で大きな声を出さないといけない。そして、そういうことをやっていると、実際の体力や骨密度、声量、聴力なども上がってくる。これが不思議なところで、パフォーマンス学の醍醐味です。「心が変わる→表現が変わる」だけが正しいのではない。「表現が変わる→心が変わる」も正しいのだと、もうここまでに三回ぐらいは書きました。外に元気とやる気が見えるように発信していこう。そして発信する。すると、心の中の元気ややる気まで一緒に増えてくる。これは真実です。だって病気のときに、「病は気から」というでしょう。病気だって気からだとしたら、元気だって気からなのです。

証拠を一つぐらいはお伝えしないと信じてもらえそうもない。私の骨密度は、女性二十代平均と同じです。同じ年齢の女性たちの骨密度の平均値と比べると、一〇パーセント多い。元気とやる気を見せているうちにこうなりました。もともとは小学生の頃、半分しか学校に行かれない虚弱児で、肺炎ばかりしていたし、生まれつき元気とやる気がセットされていたというわけではないのです。さあ、わかったでしょう。元気とやる気のもとは、それを人に見せようと思うか思わないかです。

5. あなたの体はあなたにしか鍛えられない

八十七歳になった岸惠子さんが、「お若く見えますね」と言われると、腹が立つとのこと。「実際に私の体は若いのに」と最近の著書で書いておられました。多分、実際に若いのです。昔からバレエや筋トレやストレッチをやっている人だから。

あなたは、「年のわりに引き締まった体をしている」とか、「同じ三十歳同士で比べたら、あの人はスリムでまったく贅肉がないのに、私にはもう贅肉が出てきた」などと自分の体について不満を持ったことがありますか。多くの人が一度や二度あるでしょう。そこで長いあいだ、女性という人生を生きてきた私から一言結論をどうぞ。

あなたの体が今どうであれ、それは全部、あなたがそのように鍛えてきた結果です。

もし今、あなたの体の外見を多少でも変えようとしたら、あなたが自分で自分を鍛えるのが最も安全確実な成功への道です。書類ならば、誰かが書いてくれるということがあるでしょう。でも、あなたの体に関しては、あなたが鍛えなければ、誰も代わって鍛えてはくれない。それだけは絶対に覚えておきましょう。そうであるならば、朝起きたらこのストレッチをするとか、筋トレは最低限この二ポーズをやると決めるのもあなた。寝る前にストレッチをして気分よく寝ようと思い、それを実行するのもあなた。「何も鍛えないから、要らないお肉がウエスト周りについてきた」とつぶやくならば、どうぞつぶやいた瞬間から、ウエスト周りの要らないお肉にどこかに消えてもらうためのトレーニングを開始しましょう。

年齢にしたがって、自分のトレーニングが少しずつ変わっていることは認めます。ただ、私は体について大きな声で自慢したいことがある。私は二十二歳の大学四年生から現在まで、体重が五十キログラムぴったりです。もっと正確に言うならば、五十プラスマイナス〇・五キロ、つまり四十九・五キロから五十・五キロまでが私の体に対する許容範囲です。それを超えて太ったら、次の食事はほとんどとらず、牛乳一杯でおしまい。痩せ過ぎてしまったら、摂るカロリーを増やします。

そして、カロリーに見合うトレーニングをする。仕事がとても忙しくて、じっと机に座っている時間も長い。それが終わったら、すぐストレッチとトレーニングです。四時間原稿を書き続ける日も多い。そのときは二時間経ったところで一度ストレッチ。大学で教えている授業は、九十分が多い。九十分しゃべる場合は、何度か歩き回って話します。学生の近くに行ったり、さまざまな角度からその学生の顔を見るために教室中くまなく歩き回る癖がついています。しゃべりながらウォーキングをしているという感じでしょうか。これが結果的には私を鍛えています。

どんな鍛え方でもいい。毎日続けられるものを五分間でも必ず作りましょう。作ったら、今から実行です。

6.「潜在能力の開花」は精神科医ロロ・メイの助言

多くの「神経言語学」の学者や心理学系の研究者たちに尊敬されている精神科医に

ニューヨーク在住のロロ・メイがいます。彼は難しい神経言語の本もたくさん書いているのですが、読めば手放すことができなくなってしまうくらい印象的な本を書いています。『失われし自己をもとめて』（誠信書房）という本です。この中で、こう言ったのです。「あらゆる人間にとって最高の快感は、自己の潜在能力を開花することである」。

あなたが子どもに戻ったと思ってイメージしてください。一桁の掛け算しかできなかったとき、二桁の掛け算ができたり、三桁の掛け算ができるようになったとき、先生から花マルをもらったこともうれしかったけれど、それより何より、自分が賢くなったとか、能力が上がったということがうれしかったでしょう。できなかったことができるようになるのは本当にうれしいのです。子どもはそれを素直に喜びます。ところが、大人になるとだんだん喜べなくなる。自分の潜在能力が日々開花しているという認識が薄くなってしまうのです。

それでも、例えば会社でコピー取りばかりをやらされると、「私はこんなふうにコピー取りばかりをするために入社したんじゃないわ。もっと企画書を書いたり、会議でプレゼンをしたり、そういうことのために入社したのよ。私の能力がちっとも生かされていない」と不満になるでしょう。「能力を生かす」ということがどんなに人間に快感を与えているかがはっきりするのです。

さて、能力には顕在能力とまだ見えていない潜在能力があります。潜在能力は潜んでいる能力なので、自分もあまり認識していないし、上司や周りの人も認識していない場合が多い。けれど、試してみたらできた。そのときに本当にうれしいわけです。

そんな私たちの能力をどんどん使ってみませんか。

潜在能力を開花させる一番のコツは、やったことがない仕事を与えられたときに断らないことです。思い切ってやってみましょう。うまくできたとき、あなたの潜在能力は一つ開花します。相手が頼んでくれなくても、自分から言い出してもいいでしょう。「次のこのプロジェクトは私にやらせてください」、そんな提案をしてみましょう。やったことがないことが見つかったら、しめた、と思いましょう。つぶやきも「しめた」に変更。そして、トライすることで潜在能力に花が咲きます。それが快感だと精神科医が教えてくれたではありませんか。

7. 八十歳で成長ざかりのY・Mさんの秘密

Y・Mさん、もう実名で言いましょう。柳内光子さん。現在八十歳で、日本を代表する経営者の一人であり、社会に貢献し、女性の活動を支援している人でもあります。ついでにいえば、柳内さんは私が理事長を務める一般社団法人パフォーマンス教育協会の理事でもあり、私は彼女の会社の顧問をお引き受けしています。

この柳内さんがとても前向きなのです。昨年七月、八十歳の誕生日の会場でこう言いました。

「皆さん、来年も同じ日にこの会場で会おうね。百歳でも一緒に会おう」

聞いた一同、拍手。あれ？　同じテーブルで隣を見たら、「いやいや、あと二〇年後、僕が死んでるかもしれない」とつぶやいた人もいました。でも、彼女は本気です。今、元気。二〇年後の百歳も元気。そして仕事をして社会のために貢献していこう。そんな調子ですから、何歳になっても吸収力のすごさはもう、天文学的です。

全部をここに記すことは顧問という立場上憚《はばか》られますが、一つだけ言うと、スマホの世界で新しい発明をしようとしている人をこれから支援したいと電話がかかってきました。「内容をざっと聞いて、素晴らしいと思ったから支援したいけど、念のために先生、会ってみてちょうだい」というわけです。どうしてこんなまったく新しい発明に対して柳内さんのアンテナがピピッと反応したのか、それがいつも不思議です。

不思議はそれに留まらない。ある日、私が用があって電話をしました。電話の向こうでちょっと息を切らしながら、「ちょっと待ってね。これから二百段上がってから、かけ直すから」。それで電話が切れたので、二百段上がるとは、さて何のことか、階段だろう、しかし、どこの階段に二百段があるのかと私の頭は混乱気味。それから六時間ほど経って電話が鳴りました。

「さっきの二百段はどこですか」

「四国よ。お遍路さんに行ったの。そのあと次々と用事があって、今、東京に帰ってきたから電話を入れたの」

もう、アヘーと言ったきり、納得というか脱帽……。何歳になっても次々と面白いことに挑戦しているから、柳内さんはきっと年を取らないのです。

自分に年齢制限を設けないこと、八十歳ということを別に何の障害とも思わない、いや、もし内心思ったとしても、その障害を見事に乗り越えてみせる。そこに年齢を超えて成長する人のシンプルな図式が見えます。私だって真似したいですとも。

8. よい仲間を持つ

「馬は馬連れ、牛は牛連れ」もそうですが、よい仲間がいることはとても大切です。「朱に交われば赤くなる」という諺《ことわざ》をご存知ですか。あなたが白でも、赤い仲間の中にいれば赤くなっていく。思想や食べ物の好み、着るもの、使う言葉などもそうです。だから、英語はもっと具体的です。スズメはスズメと群れ、カラスはカラスと群れる。Birds of a feather flock together.「同じ羽の鳥は群がる」というのです。

仲間を作るには、同じような人が集まるというのが原則なのです。よい仲間と悪い仲間とどっちがお好き？　当然、よい仲間でしょう。あなたが明日、企画会議で発表するために、今日のうちに読んでおかなければならない本があったとします。でも、仲間が口々に言いました。

「飲みに行こうよ。いいじゃない、そんなの明日の朝読めば」

「そうね」とつられたらおしまい。企画会議でよい案が何も出なくて、悔しい思いをするのはあなた一人。仲間が一緒に悔しい思いをしてくれるか？　いいえ、とんでもない。その悔しい思いは、あなただけが背負うのです。

だったら、よい仲間を持ちましょう、誘っても、あなたが「本を読まなければならないの」と言ったら、「そうなんだ、大変だね。頑張ってね。じゃ、また次の機会に誘うわ」というのが本当の仲間です。誘ったとき断ったからといって、次無視するようではよい仲間とはいえない。つい先日、私が教えている大学院の生徒で留学生のMくんが言いました。

「僕は日本語検定を取りたいと思って勉強しています。でも、仲間が飲みに行こうと電話をしてくると断り切れなくて」

「どうして断り切れないの？　『日本語検定の勉強があるから』と言えばいいじゃない」

「いえ、そう言うと、仲間外れになって、次から誘ってくれないのじゃないかと思って」

「あら、そう。一度試しに言ってごらんなさい。でも、言い方が大切で、『今日は日本語検定の勉強があるからダメだけど、次に誘ってね。今度は行くようにするから』と言ってごらんなさい」

「はい」と神妙に返事をしたMくん。結局、彼はそうやって一度仲間の誘いをきっぱりと断り、自分のやるべきことをやった。そうしたら、ちゃんと仲間は待っていてくれたというのです。

一回断ったら去っていくような仲間だったら、それは仲間ではないのです。断るべきときは、ちゃんと一度断ってみましょう。よい仲間かどうかチェックができます。

9. 同性から組みたいと思われる女性、避けられる女性

日本経済新聞が取材に来ました。

「女性特集なんですが、同性から好かれる人と嫌われる人がいるけれど、最大の違いは何ですか？」

確かに、同性から、「パートナーとして組むならあの人がいい」と指名がかかったりする女性がいる一方で、「いや、あの人がいるんだったら、ちょっとご遠慮しようか」と避けられる女性がいる。同性から組みたいと思われる女性、あるいはその反対の女性とはどんな人でしょうか。

まず、人の悪口を言わない人。うまくいったとき、「私だけでやったのよ」というふうに手柄を独り占めせず、関わった人全員の名前が言えるような人。明るい顔で微笑みが多い人。自分の持ち物や家のことをひけらかさない人。女性たちが組みたい女性として挙げる上位四つはこんなところです。

では、避けられる女性は？　これもまた多くの女性が真っ先に言うことがあります。「私と予定があったのに、彼氏とのデートが入ったら、さっさと乗り換えて行っちゃった」

こう見ていくと、同性から組みたいと思われる女性は実物大であり、うまくいっても失敗しても、過度に自慢をしたり、極端な自己卑下をしない人となるでしょう。さらに一度、あとから入ったデートのために嘘をついて女性同士の約束を断ってしまうと、まず同性の信頼を失います。

10. いい女はいい男が育て、いい男はいい女が育てる

お似合いの夫婦だなと、見ていてうれしくなるカップルがたくさんいます。せっかちな旦那さんに、「あなた、まあ、そんなにすぐに結論を急がないで、ちょっと考えてからにしなさいよ」と言う奥さん。言われた男性は、「ああ、そうだ。そうだったね」という具合に、奥さんのアドバイスをよく聞き入れているのが普通です。

逆もあります。「選ぶのが難しくて答えが出ない保険商品だったけど、主人に言ったら、たちどころに正解が出たの」という具合。多分、決断力も情報力もある夫が彼女にはいるのでしょう。そしてある意味、情報音痴で決断力がない彼女が妻だから、夫のほうはますます頑張って、さらに情報通になり、決断力がついたのかもしれませ

ん。仲がいいカップルや夫婦は、相手の欠点を自分が補おうと努力するから、いつの間にかパートナーによって育てられています。

だからお互いに完璧である必要など何もない。男性から学び、女性から学び、お互いに足りないところを補い合っていくのが素敵なパートナーシップ。

私のよく知っている女性は、学生時代はからっきし洋服のセンスがなかったのですが、結婚した相手の男性がパッと注目されるほどダンディな人でした。着こなし、洋服の選び方、話の知性と話し方、女性と食事をするときにサッと椅子を引いてくれるなどなど、本当にいい男なのです。そうしたら、どうでしょうか。数年ぶりに彼女に会ったら、彼が持っていた美点が全部彼女に移っていました。いい女はいい男が育てているのです。

私自身もまさにその例の一人です。文章を書くのは好きだったけれど、人に買ってもらえるようなよい文章を書いたことはなかった。その文章の書き方を手取り足取りしっかり教えてくれたのは、青春出版社の故・小澤和一社長（当時）でした。彼は、「難しい言葉で書くな。大衆の言葉で書け」と常に私に教え込みました。彼がいなかったら、私の今の文体は出来上がっていなかったと思います。

一方、長野県松本市という小さな田舎の町から出てきた私は、経済界、政財界のトップレベルの男性たちとお付き合いするなど夢のような話でした。そんなとき、次々と素晴らしい経済界のリーダーに私を紹介してくれたのは、株式会社龍角散の故・藤井康男社長（当時）。彼は何軒かクラブを梯子《はしご》したあと、「ヤッホー」と言いながら銀座の表通りを走り回ったり、思い切ったことをやる人でしたが、自分で龍角散オーケストラも作った経済人であり文化人でした。

その彼が、「面白い女性がいるんだよ。旦那さんは心臓外科医だけど、本人は文章を書いたり大学で教えたりして、旦那とはまったく別の分野で大活躍しているんだ。そのうえ、気が強いし、言い出したら聞かない」というわけで、次々と私を経済界、政治、文化人に紹介してくれました。そんなときに誰とでも話が合うようにするためには、時事問題などをどうやって勉強したらよいのか。これは藤井社長から若いうちにだいぶ叩き込まれたものです。

同じように政治の世界でも医療の世界でも、私に次々といろいろなことを教えてくれた男性たちがいます。数え上げたらキリがないくらい、綺羅星のような男性たちです。その男性たちに私は育てられました。

「一流の男性たちと話すならば、どっちでもいいような雑談をするのではなく、しっかりした知識があったほうがいい。顔がきれいなだけじゃ、年と共にダメになる」

そんなことを彼らは口々に言いました。耳に痛いこともあったけれど、言うことを聞いてよかったなと今も思っています。

「金は天下の回り物」といいますが、人を育てるのも天下の回り物。今、私は、いい女やいい男をいっぱい育てたいと思っています。だから、才能があるなと感じる若いビジネスパーソンや研究者の男性たちとは積極的にお付き合いをします。食事にも行くし、一緒に一つの作品を作ったりもする。そんな中で、彼らが気づいていないことで私のほうが知っていることがあれば、どんどんお教えします。ときにはそれが提案の仕方や謝り方だったりするときもある。男と女はパートナーシップを組むと、愉快でとても楽しい組み合わせになります。

でも、条件がある。いい女を育てるのはいい男、いい男を育てるのはいい女です。

自分がまったく無価値だったら、相手を育てることはできない。吸収する姿勢がなければ、どんな素敵な男性がいても何も自分のものにはならない。それはお互い様です。そして、もっと言うならば、完璧な男性なんてどこにもいない。どんなに素晴らしい、あるいは素晴らしく見える男性にも、欠点があります。恋愛をしても、すべてが結婚に結びつくわけではなく、失恋だってたくさんするでしょう。でも、それでも、異性とのお付き合いはあったほうが人生はとても面白い。

一方で、恋人や配偶者がいないと一人前じゃないと思い込んで、次々と恋愛を繰り返していく人をラブホリック（恋愛中毒）といいますが、これはとんでもないことで、ラブホリックになるぐらい恋愛がしたければ、まず自分を磨くことです。そして、自分が相手から選ばれる女になったらいいのです。さらにあなたが素晴らしい女であれば、選ばれるのを待っていないで、あなたが男性を選べばいい。それはあなたの特権です。

異性とのお付き合いは常に素晴らしい。けれど、素晴らしいお付き合いをするためには、あなたがいい女であることがまずスタートであり大切なことです。

11．人との絆は最大の無形資産・人脈づくりの七つのヒント

「田舎からたった一人で出てきたというのに、すごい人脈ですね」と年がら年中言われます。言われ始めは四十代、そして現在も言われます。本当に何か一つのことをしたいと思えば、お金については誰に聞き、人材についてはほかの誰に聞き、企画段階では誰と組んだらいいか、そんなふうに自分が手をつなげる相手がたくさんいるのが現在の私です。それを称して「人脈が広いですね」と人は言うのでしょう。でも、最初からそんなふうだったわけではありません。

ただ、一つだけパフォーマンス学の観点からはっきりしていることがあります。人脈とコネは、似ているけど大違い。同じ高さの山が集まって並んでいるから山脈なのであって、大きな山の隣に小さなコブがあれば、山の横に丘があるとなります、人脈も同じ。それぞれの業界で実績をあげている人がつながるから人脈なのであって、自分は何の力もないのに誰かさんにぶら下がっているだけならば、コネと呼びます。

それがはっきりしたところで、最大の無形資産である自分と、自分の人脈作りのために、私が実行してきて今もやっている七つのヒントをお伝えしましょう。

①人脈とコネはまったく違うと意識しよう

つまり、自分が人と並べるための優れた一つの力を持て。

②謙虚が人脈作りのコツ

私はソフトバンクの孫正義さんに最近驚かされたことがあります。数年ぶりに今年お会いして、「もしも名刺が変わっていたらください」と私が言ったのに対して、「あ、そうだ、ありますよ」と言ってポケットに手を入れ、「いやいや、ここにはない。ちょっと秘書に持ってこさせますよ」と言ったと思ったら、自分でトコトコ廊下に出ていってしまいました。そして、名刺を一枚持ってきて、「これが新しいものですよ」とくださったではありませんか。秘書が見当たらず、廊下に出てご自分のカバンか何かから名刺を一枚取ってきたのでしょう。この気さくさが、世界トップレベルのビジネスマンであり投資家になっても人から愛されるコツなのです。「気さくで謙虚」は、恥ずかしながら私のモットーでもあります。

③信用・信頼の作り方。約束は何が何でも守る

人と約束しておいて、もっと条件のいい話が来たら、さっさと前の約束をキャンセルする人がいます。私はそれをやりません。先約優先。損でも得でも、不利でも有利でも、全部先約優先。これが信用を作ってきました。

④元への報告をお忘れなく

誰かにほかの人を紹介してもらったりすることが皆さんもおありでしょう。私もあります。「ああ、それは自分にはちょっとできないけど、これこれの人に聞いてごらんなさい」と電話を一本入れてくださったり、名刺にちょっと書いてくれたり、それで実際にあとの話がうまくいったとき、ちゃんと元の人に報告していますか。「おかげ様で○○氏と会って、話はこんなふうにまとまりました。ありがとうございまし

た」。これが元への報告です。それを忘れてしまうと。あとから何かのルートで元の人にあなたの話が入ったとき、「なんで報告しない。恩知らず」となります。

⑤人の悪口は絶対に言わない

私は人の悪口を陰で言いません。嫌だと思ったら本人に目の前で言います。これがなかなか勇気の要ることなので、その人の前では「あら、素晴らしいですわ」と言っておいて、あとで「何よ」と陰で言ったりする人がけっこう多い。これは男性でも女性でも同じように多いからビックリです。

私の若い友人に起こった、ありえないような本当の話があります。B子さんは会社に入ったばかりの頃、上司が小うるさくて本当に嫌だと思いました。そこで、「あの上司、本当に嫌になっちゃうわね。どっちでもいいようなことをくだくだと言って、めげちゃうよ」と女性用トイレの中で同僚に言ったのです。女性用トイレだから、当然その男性上司には伝わっていないはずでした。ところが、その話をトイレの個室の中で聞いていた別の女性がいました。彼女はその上司のお気に入りで、その上司のことを素晴らしいと思っている女性です。

そんなことがあって一週間ほど経ったとき、B子さんは上司に呼ばれました。「きみね、僕に言いたいことがあったら、陰で言わないで目の前で言いなさい」。「えっ？」とB子さんが思ったときは手遅れ。でも、まさか、それはあの人の告げ口でしょうと逆恨みするわけにもいかない。結局、B子さんは、悪口は何の得もないと悟ったのでした。

⑥お金の貸し借りをしない

父が年がら年中言っていました。「お金は貸すな。借りるな。借りたら必ず返しなさい。でも、どうしても貸すならば、返ってこなくてもいいと思う金額を、もう差し上げたと思うつもりで貸しなさい。そのときに、『これは返してくれなくていいから』と言うんだよ」と。そんなこと言われたって、私が相手に「返してくれなくていい」と言って貸せるお金なんて、当時はまったくありませんでした。

でも、貸せるお金ができた今も、父の教えは守っています。貸したら、「返して」

と言いにくいし、「返して」と言っても返してくれなかったら、さらにどうしていいかわからなくなるから、面倒です。シェイクスピアも言っています。「金は借りるな、また貸すな。それは友情を失うもとになるから」。

⑦みんなリスペクトされるべき人

二十代の若者たちは「リスペクト」という言葉が好きです。どんな人をリスペクトするか。偉い人、優れた人、面白い人、それはいろいろあるでしょう。よく見るとどんな人でも私より優れたことを一つ以上持っていることに気づきます。意地悪だけど、企画の才能はある。文章は下手だけど、計算が得意みたい。見かけは悪いけど、気が優しい。そんなふうに数え上げていくと、結局、リスペクトに値しない人が一人もいないことに、四十代から五十代に移る頃、ふと私は気づきました。それ以来、自分に癖をつけています。知らない人に会ったら、その人のいいところを必ず一つ以上発見しようと。

こんな七つがきっと、私の人脈を作ってきたのだと思います。

第3章

時間管理と勉強法

1. 時間主権という言葉

この章では、「時間主権」という面白い言葉を提案しましょう。時間をどう使うかを決める権利は、あなた自身にあるということ。「そんなの当たり前でしょう」とおっしゃいますか。それならば、昨日こんなことを言いませんでしたか。

「友達とちょっとお茶したら二時間半もかかっちゃって、あとの仕事が何もできなくて後悔よ。嫌になっちゃう」「風邪を引いて近くの病院に行ったら、五十分待ちよ。いくら何だって長すぎる。あの時間で何ができたかしら」ほら、両方とも時間主権が自分にあるということを忘れた言い方ですね。

自分の時間をどう使うか、それは誰のせいでもなく、あなた自身の問題、私自身の問題です。どういうふうに時間を使うか、これは避けられない問題です。なぜなら世界中誰でも、一日二十四時間しか持っていないからです。年収は三百万円の人と三千万円の人がいるけれど、時間は一律で二十四時間。なんて公平なんでしょう。神様の前に「不公平です」と叫べない唯一の事柄が、一人あたりの時間が二十四時間であるということ。

考えてみたら、こんなに愉快なことはないというわけで、私は時間主権は自分にあるということを年中考えて、この七〇年の人生を生きてきました。もちろん赤ちゃんのときは意識がなかったとしても、中学生ぐらいからこの感覚が始まり、三十代、四十代、五十代と年齢を追うごとに、日々、時間主権認識が高まっている。なぜ？　人生が有限であると考えた場合、百歳を最後として逆にカウントダウンすると、うかうかしてはいられない。思う存分充実させて、楽しんで、人に貢献して、ざっと四倍五倍は人よりもいい人生にしようと思っているから。要するに欲張りなのです。

そうなったら、できる方法はまず誰にでも一つあります。ダラダラと無意識の時間を過ごさないこと。休むと決めたら休むでいい。けれど、無意識はダメ。

例えばゴールデンウィーク。私はクリスチャンなのに、今年は伊豆の禅寺で二時間、座禅を組みました。何も考えない二時間です。では無駄だったのか。いいえ、この二時間は貴重な二時間でした。この大型連休は特殊で、伊東のある場所に四泊行っていたのですが、日頃読めない本を七冊持っていき、パソコンも使わず、携帯電話も使わず、ひたすら本を読み、思索し、禅を組み、散歩をした。こんなにリッチな時間の過ごし方をしたのは何年ぶりでしょうか。と、まあ、そんなふうに意識を集中した時間を使えれば、時間管理がうまくできているといえます。

だけど、私も全部成功しているわけじゃない。二〇〇一年の日記帳を見ると、「十二時前に必ず寝ろ、それができないのは自分の時間管理が甘いから」と最終ページに書いてある。ところが、昨年、二〇一八年の日記帳の末尾にも、「十二時前に必ず寝ろ、それができないのは自分の意志が弱いから」とまた書いてある。要するに二〇年間、十二時前に寝るという時間管理については意志が弱く、失敗しているらしい。二〇一九年度こそはと手ぐすねを引いて、十二時までに寝るというのを実行しようとしているのですが、残念ながら一月から半年過ぎて、十二時前に寝たのは、伊豆にいた四日間も含めてまだ七日間ぐらいしかない。夜になると集中して読み物や書き物に熱中するタイプ。

ただ、これは自分で決めているから、責めるべき、反省すべきも自分。一番よくないのは人のせいにすることです。「友人に長電話された」とか「来客に長居されて時間を食われた」と言うのはやめましょう。

例えば、私は突然テレビ取材が来たときも最初に「カメラの準備から撤収まで全部入れて一時間以内で収めてください」と言います。約束の仕事が終わってもまだ、「ついでにこれはどうですか」と長い質問が始まることがあります。すかさず、「ごめんなさい。先に一時間と言いましたよね。次の予定をもう入れてしまっています」と言うことにしています。

時間主権は自分にある。これを覚えていてほしいと思います。

Q. 終わったことにくよくよしない

「ああ、あのときこう謝れば、あの人を怒らせなくて済んだ」「あのとき言ったことで今も相手が傷ついている」など、私たちは終わったことを次々と思い出します。とくに自分が悪くて、ちゃんと謝っていればいいけれど、謝らないうちに相手が死んでしまったりすると最悪です。私がいい例です。

長野県に両親がいました。父は六十代で亡くなり、母は八十歳で亡くなるまで、妹一家と同居した晩年でした。身内のことを言うのも変ですが、この妹がやけに出来がいい。母の介護が始まっても泣き事一つ言わず、東京から「あんたにだけ介護を任せてごめんね」と毎晩電話する私に、「お姉さん、いいのよ。自分の仕事に集中してよ。こっちは私が頑張るから。日曜日になったら来てちょうだい」と健気です。多忙であるという言い訳もあって、日曜日に「あずさ」に乗って松本に行く以外、全部妹に任せっきり。

そんな中で母は、腰痛や軽度の鬱病があり、車椅子になり、最終的には衰え果てた体で八十歳で亡くなりました。「お母さん頑張って」と電話をしたり、何がしかの毎月の送金をしていたのですが、「長女の私が東京にいてごめんなさい」という肝心なことを言い忘れました。

そのことをあとで思い出し、「東京に私がいてごめんなさい」と何度も言ってみるのですが、相手がいない。妹に言うたびに、「お姉さん、心の中でそう思っていたら、お母さんには通じていたよ」と言われるのだけれど、それでも、「あのときごめんなさいと言えばよかった」と思うと、どうもウジウジして割り切れない。このシーズンなら、桃が好きだったとか、秋ならば、柿が好きだったと思ったあとが長い。

それで、心理学領域で博士号を持っている自分としては、これをあるとき、しっかり分析、分類してみたのです。桃が好きだった、柿が好きだったと故人を思い出すことは供養にもなってよいこと。でも、「ごめんなさいが言えなかった自分はバカである」と何度言ったところで、誰の供養にもならない。

そのとき、ハッと気がついたのです。終わったことは美しい思い出にして感謝すればいい。終わったことで自分を責めない。後悔は自分のプラスのエネルギーを奪い、目の前にあることに集中できない。つまりマインドフルになれない。マインドフルとは、例えば今、魚を釣ろうと思っていれば、魚のことだけに意識を集中すること。無心で座禅を組もうと思ったら、何もないということに意識を集中すること。過去に意識が行くたびにエネルギーも過去のほうへ流れ出してしまう。目の前のことがおろそかになります。

あなたはくよくよと後悔しながら電車に乗っていて乗り過ごしたことがありますか？　終わったことにエネルギーが行っていたために、現在のことにエネルギーが集中できなかった例です。明日やることを考え詰めていて電車を乗り過ごしたなら、それはいいことでしょう。けれど、終わったことを考え過ぎていたからって、何も生まれない。ここは、ちょっとウェットな農耕民族の日本人らしさを忘れて、パッと狩猟民族ふうに切り替えましょう。次の獲物を狙うのです。

3. 心の中に優先順位リストを持っていますか？

あるときビックリ。二時間半、ホテルの喫茶店で待っていたのに、約束の出版社の社長が来ない。

私はその日、『パフォーマンス人間の時代』という重要な本を出す話をする予定でした。自分で言い出したのではない。青春出版社の小澤社長が、「佐藤さん、パフォーマンスという単語を、あなたは商標登録してカタカナも英語も自分のものにしてある。でも、そんなことは世間の誰も知らない。もし誰かが気がついて、『パフォーマンスが大事』とか『パフォーマンス主義』という本を出したら、きっとあなたは悔しいでしょう。だったら今、『パフォーマンス人間の時代』という本を出しなさい」と助言してくれました。たまたま小澤社長がそのとき四谷あたりで仕事をしているので、十一時にホテルニューオータニの喫茶店に来るという約束でした。

彼は時間をきちんと守る方です。私もそうです。でも待てど暮らせど相手が来ない。十一時が十二時になり、ランチタイムで周りが少しうるさくなってきた。それでも彼は現れない。どうしたのかな、電話もかかってこないし、事故かもしれないとソワソワしてきた私。でも、この話は今の瞬間の私にとって何よりも大切なこと。一時間ぐらいしょうがない、最優先のことだからと割り切って、原稿用紙を出して、『パフォーマンス人間の時代』という本の原稿を書き始めました。すると、それに熱中してしまい、今が何時だかコロッと忘れました。

そうしたら、一三時に小澤社長がニコニコ登場。

「おや、佐藤さん、早いですね」

「え、早いですって？　十一時の約束でしたよ」

「まさか。僕のメモ帳では一三時ですよ」と、彼が自分のメモ帳を開いて見せてくれました。なるほど、一時と書いてある。私のメモ帳には十一時と書いてある。あれ？　とそのとき、彼のメモ帳には細い紐の、何ページかすぐに開けるような栞のようなものがついていて、その紐が「11時」という字の片方の「1」を隠していた。要するに彼のメモ帳は「1時」と書いてあるように見える。でも、紐を取ったら「11時」と出てきたではありませんか。「あれまあ、そうだったのですね」と大笑い。結局、十一時の約束は一三時になり、活発で、かつ和やかな打ち合わせの中で『パフォーマンス人間の時代』が青春出版社で出ると決定した日でした。

そのときに、ふと考えました。今までの人生で二時間も同じ場所で人を待ったことがない。しかも相手が遅刻したのに、なんで私は何も腹が立たなかったのか？　しかも待っている時間を素敵に使えたのか？

「あっ」とわかりました。優先順位です。私はこの本を出すのが自分の最優先事項だと思っていました。その流れで、この一か月ほどのあいだで会う人物の中で最優先が小澤社長でした。だから、しょうがないといつの間にか開き直っていたのでしょう。もしこれが、学生が遅れている修士論文の原稿を見てもらいに来る予定が十一時、ということだったらどうでしょう。私は自分の研究室にいて、一時間待っても学生が来ない。やがてその学生がニコニコ一三時に現れた。そうしたら絶対に私は言ったでしょう。「あなた、私に論文を見てもらいたいのに何ということなの？」。

結局、優先順位のリストを持っていると、最優先のものについて多少のハプニングがあってもびくともしない。ハプニングが起きたら忘れればいいのです。それぐらいの割り切りがないと、この忙しい現代の生活を私たちはやっていけないでしょう。

みんなそれぞれの優先順位がある。家族が最優先で、子どもが熱を出したら会社を休むという人もいます。でも、舞台で演じるのが最優先で、「役者は親の死に目に会えない」と私に言った大女優もいます。彼女はきっと、仕事最優先の順位をつけていたのでしょう。

4.「時間ができたらやります」と言う人は永遠にやらない

五十四歳でバレエを始めました。太極拳はその前の五十三歳から。「暇があったのか？」ですって？　とんでもない。実践女子大の教授として学生を教え、株式会社を持ち、社団法人を作って自分で動かし、しかも何冊かの本を出していました。売れっ子ではないけれど、時間はない。けれど、たまたま岩井さんという空手の名人が私のゴルフ仲間で、彼があるとき、「太極拳はいいよ。百歳になってもできるから」と、日本トップの楊名時太極拳という流派を教えてくれました。おまけに彼は楊名時先生と仲良しで、わが家に楊先生を連れてきた。ここまで来たら、もうやるっきゃない。当然、私は太極拳開始。

そして一年経った頃、ふと見ると、同じ女性の更衣室にやけにスリムでスタイルのいい、美しい女性たちが次々に入ってきて、バレエのレオタードを着始めた。今まで私は太極拳が終わるとサッと帰っていたので、彼女たちの存在に気づかなかった。けれど、ちょっと何か手違いで私の帰りが遅れたら、バレエの人と更衣室で合流する羽目になった。よく見ると、太極拳をやっている人とは体型が違う。これは何だとまた好奇心の塊になって、事務員に「見学してもいいですか」と言ったら、三十分なら無料でできるとのこと。しめた。バレエ教室に行って、目を真ん丸くして見ていました。五十四歳。大切な人との別れもあって、ひどく落ち込んで、そのあと急に立ち直ったときです。

そうしたら運よくバレエの先生が、「余ったバレエシューズを貸してあげますよ。やってみますか」と声をかけてくれた。これまた、しめた、です。見よう見まねで動いたら、カッコは明らかにほかの人より劣っているけれど、白鳥とアヒルぐらいにはついていっている。できるかもしれないと思って、帰りにさっさと、「太極拳教室のほかに今年からバレエを加えます」とお金を払ってしまった。そして、翌週からバレエ開始。

結局これは、両方は無理だとわかるまで十年間、二つを続けたのでした。さすがに六十代後半になったら、太極拳が終わるや否や着替えてバレエという猛烈なる体力がなくなってしまった。しかも私は太極拳とバレエのあと、「佐藤綾子のパフォーマンス学講座」という社会人セミナーを二時半から世田谷区桜上水の自社ビル事務所の地下で、三〇人の生徒を集めてやっているのです。

三〇人の前で疲れた顔は見せられないというわけで、バレエは中止。でも、まだ太極拳は続けている。すると、周りが言うのです。「アヤコ先生、よく時間がありますね。本を書いたり、講演したり、大学の教授もやって、それでまだ太極拳も？　一体どこに体力があるのですか。何よりも時間がないでしょう」。

はい、時間はありません。けれど、今まで何千人という生徒や学生、社会人の友人たちを見てきて、はっきり言えることがある。それは、「時間ができたら◯◯をやります」と言う人は永遠にやらないという真実です。時間は作るもので、勝手にできるものではない。「時間ができたら」という言い方がそもそも受け身で、「神経言語プログラミング（NLP）」の研究者に言わせれば、気に入らない言い方です。

時間はあちらから降ってくるのではない。作る主体は自分であって、「時間ができたら」と言う人は、「自分が時間を作ったら」と言うべきでしょう。時間は作るのです。

5．コマ切れ時間活用法

肉にコマ切れがあるように、時間にもコマ切れがある。わかりやすく言いましょう。一分間で人間は二百六十六文字の日本語が話せます。これは私のたくさんの実験によるパフォーマンス学のデータです。十分あれば二千六百文字がしゃべれる。パソコンでA4サイズのファイルに打ち込んだら、三十文字×四十行で千二百字なので二枚以上話せるわけです。

こうして一分間という時間をしっかり見つめてみると、途方もなく長い時間です。そして一分間を六十個集めれば一時間になる。これが塵《ちり》も積もれば山になるというコマ切れ時間です。

私はこの活用法が名人芸的にうまい。威張れた話ではなく、そうなった理由は、心臓外科医の夫が突然帰ってきて、やれ夕飯だ、深夜に夜食だ、ついでにナースの分も握り飯を作って九時には届けてくれというわけで、常に時間がコマ切れになる中で原稿を書いたり、いろいろなことを二〇年間やってきたからです。そこで編み出されたコマ切れ時間活用法が、夫がいない今でも習慣的にうまくいっているわけです。例えば料理の時間は最高の読書タイム。食卓に本を置いておいて、ちゃんとそこには読み終わったページに付箋を貼っておく。そして、シチューを作ったりしている時間、ちょっと手が空きます。そこで、ただ待っているよりは本を読む。野菜を刻みながら、「NHKラジオ講座」を聞いて英語もフランス語も習得してしまった。チリツモ、チリツモ。

この癖が今も有効に機能していて、二年前からイタリア語でオペラを歌いたいと思い立ったら、どうしてもやりたい。ついに個人レッスンを受け始めました。でも、レッスンを受けに赤坂見附まで行けるのは、日曜日か平日の夜遅い時間になる。一人の練習時間も欲しい。そこで考えたのがお風呂です。お風呂の外にCDプレーヤーを取り付けてあります。フランス語や英語を勉強するためでした。でも今は、湯船に入っている時間はイタリア語のオペラを流す。

なんとそんなわけで私は、ヴェルディの『椿姫』の中の「乾杯の歌」をイタリア語で歌うことに成功。昨年、私たちのパフォーマンス教育協会のクリスマス会で、東大の先端科学技術センターの西成活裕教授がプロフェッショナルに近いレベルでテノールを歌っていると聞いて、「先生、一緒に歌わない？」と声をかけたのは私。

「素敵ですね。ところで、歌えるんですか？」

「いえ、これから発声練習とイタリア語です」

「まさか。もう六月ですよ」と言われたけれど、そこは「コマ切れ時間を使うから」と答えました。お風呂の中と移動時間のスマホからのイヤホン活用です。電車でもタクシーでもイヤホンで「乾杯の歌」を聞く。ついに実現しました。上手下手はともかく、イタリア語で歌えたのです。コマ切れ時間の勝利。ぜひやってみてください。

6.「又聞きや噂話をする人ならゾンビのほうがましです」フロム

フロムというドイツの哲学者がいます。『愛するということ』（紀伊國屋書店）というタイトルに惹かれて本を買いました。上皇后美智子様もこの本を読まれたということです。さて、『愛するということ』とは、きっと素晴らしい人間愛や男女の愛やさまざまな愛があるのだろう、でもドイツ人だし理屈っぽいかな、と思いながらページをめくっていくと、面白いのなんの、たった二時間で読了してしまいました。

「人を愛する」という人は、まず自分を愛しなさい。「人」という中に自分も入っているのだから。「人を愛する」というときに、それはすべての人であり、自分を除外することはないとフロムは書いています。なるほど、自分を愛する、ふむ、それはとても大事と思って読んでいくと、後半になってこんなことを言うのです。「時間の使い方は実に大切。又聞きの話や噂話をする人の話を聞いているならば、ゾンビと会話したほうがましである」。

あらまあ、ゾンビは死体です。又聞きの話や噂話をする人、いるいる。確かにあなたの周りにもいるでしょう。「ナントカさんがナントカと言っていた」「どこそこの料理はおいしいと誰かさんが言っていたと、その友達の誰かさんが言っていた」という具合。固有名詞も数字もまったくない。「おいしいらしい」とか、「何かいいことらしい」という調子で、「それはどこの文献に出ていたの？」と聞けば、そこで会話は終わってしまう。私もこういう人は大嫌い。でも、フロムは、そんな人と話すならゾンビと話したほうがましと言う。そこまで私は恐ろしくて言えませんとも。でも、まさにそのとおり。

又聞きの話や噂話ですぐ人の話に割り込んでくる女性がいます。「ネットに書いてあった」も最近は多い。

冗談じゃない。ウィキペディアやテレビの雑談をもとに論文を書く人はいない。論文に書けないということは、大した話ではないということ。「日本は安全で財布を落としても戻ってくる国なんですって」と友人が言いました。「六〇パーセント以上本人に戻ってくる」と言われれば、聞いた人はピッと耳がダンボになるではありませんか。

又聞きの話や噂話をする人は、知らずに大切な友人や人脈を失っています。信用ならないからです。人間の話で最も大切なのは、「エトス」、すなわち「信憑性《しんぴょうせい》」です。これは紀元前四世紀のアリストテレスから始まり、現在の社会心理学者までまったく同じように、会話の中で、人の信用を決める最も大切とされることです。エトス、信憑性。「この人の言うことなら本当だ」、そう思うからその人の薦めたものを買って食べたり、その人の子どもが行っている塾に自分の子どもを入れたり、その人が住んでいる場所に引っ越してみたいと思う。けれど、ただ噂話で言っているのを信じてマンションなど買ってしまったら、とんでもない結果になります。小さいことから大きいことまで又聞きの話や噂話だけをする人とのお付き合いは時間の無駄です。

7. 人の時間を殺さない

「時間を殺す」、kill timeという不思議な言い方があります。「時間を費やす」、spend timeよりちょっときつい。要するに人の時間をやたらに殺してしまう人、それを私はタイムキラーと名付けています。人の時間を殺す人ってどんな人？　いきなり電話をしてきて、どっちでもいいものを売り込む電話セールスの人々。友人だけれど、「今話して大丈夫?」の一言もなしにダーッと話が始まる人。全然その話に聞き手のメリットがないのに、ひたすら続く自慢話。どれも聞かされたほうはたまったものではありません。私のやっている方法を一つどうぞ。

「お持ちの豪徳寺のマンションを売ってください」

「あら、あなた、よく調べなさい」

ガチャン。なぜならば私が豪徳寺に書斎用に持っていたワンルームマンションは、二〇〇二年に売却済み。もう一七年も経っている売却済みを調べずに電話してくる不動産業者など信じるものですか。だから、普段は電話に出ない。でも、何かの弾みで出てしまったら、「よく調べてからかけなさい」と言うと、大概の人は相手のほうから切ってくれる。これはなかなかいいパンチになる。

銀行員もそうです。「こんな新しい商品ができたので、ぜひこの商品の話を聞いてください」。そこで言います。「今、銀行商品はどれもどんぐりの背比べ。話を聞く時間がないから書類で送ってね」。そう言うと、大体書類は送ってこない。電話でしゃべったり、会ってしゃべりたいわけです。そんなのに会ってしまったら大変。どんどん自分の時間は殺されます。

たまにテレビのディレクターでもこんな人がいる。

「○○さんの嘘を表情からわかるか見てください」

「はい、了解。何時にカメラ班が来ますか」

「夕方の七時です」

「はい、了解」

ところが、七時に来たそのディレクターが次々と的外れな質問をして、話が曲がってしまうときがある。「曲げて言い換えるなら黙っていてください」と途中で言うときがあります。撮影時間がどんどん長くなるからです。大体ハッとして、「そうでしたね」と元に戻してくれます。

雑誌や新聞の取材に来る記者も同じです。何も読んでこなくて、「パフォーマンス学って何ですか?」から始まると、さあ大変。「パフォーマンス学とは」と説明を開始しないといけない。決して不快感を顔には出しませんが、みんなタイムキラーです。

私もいろいろな方にいろいろなお願いに行きます。でも、そのときは相手のことをしっかり調べて行きます。例えば「パフォーマンス教育協会の法人会員になってください」という提案は、今も私がいろいろな方にしていることです。そうした場合は、相手の会社の経営状況や誰がこの話の決定者なのかを調べてから行きます。決定権のない人に話しても意味がないからです。

人の時間を殺さないこと、それには、「敵を知り己を知れば百戦してまた殆《あや》うからず」、孫子の兵法にあるように、相手のニーズをしっかり調べ、相手に必要なことだけをしゃべること。トップセールスはこれができています。あなたも私もセールスパーソンではないけれど、相手が何を欲しがっているか、どんな時間帯で暮らしているのか、それを知った上で相手に電話をしたり、会ったりしませんか。

8. 時間負債は知らずにたまる

睡眠専門の先生方が最近、「睡眠負債」という面白い言葉を使っています。寝不足がみんな睡眠負債になって、それを週末一気に取り返そうと日曜日、ガーガー十時間寝ても睡眠負債は返せない。睡眠負債はためないのが一番だというわけです。なるほど、時間にだって同じことが言えます。時間負債はあとで取り返しがつかない。

私のセミナーに久しぶりに来たT子さんがすっかりやつれた顔をしています。美貌で元気はつらつの三十九歳のはずだった。一体何があったのか気になって、

「T子さん、なんだかいつもと違うよ」

「はい」

「疲れてる?」

「はい」

聞いてみたら、原因は婚活パーティ。そろそろ結婚しなくてはと婚活パーティに土曜と日曜出席している。疲れたなあ。行ってもうまく成果が出ていないということもわかっている。けれど、行かなければ大事なチャンスを逃すかもしれない。そんな恐怖心に駆られて、毎週末、婚活パーティに出席している。だんだんお金も足りなくなってきたし、何よりも自分で自由に本を読んだり、バレエを見たりする時間がなくなってしまった。さあ読まなくてはと思って週末に会社から持ち帰った本も読めていなくて、どんどん机の上にたまっている。全部の原因が、連続して出ている婚活パーティだというのです。

「この費やした時間、一回結婚が決まれば全部一気に取り返せるのだけれど」とT子さん。

「なるほどね。確かに来月行くパーティで取り返せるかもしれない。でも、どれぐらい通っているの？」

「一年です。もう二十回ぐらいパーティに出ました」

「あれまあ、それは多過ぎじゃない？」と私。一年間で多くの時間を婚活パーティに費やして、時間がどんどん足りなくなっていったら、結婚相手が見つかる前にT子さんは仕事でミスを出し、人付き合いでもミスを出し、もしかしたら睡眠不足や栄養失調にもなるかもしれない。そこまで命懸けで婚活パーティに出る必要があるのか。それよりも生き生きとして仕事をしている中で、素敵なパートナーが自然に見つかるかもしれない。「不安はあるかもしれないけれど、来週一回だけ休んでみたら？」と私。

「そうですか？」と半信半疑の顔だったけれど、T子さんは結局二回、二週続けてパーティを休みました。

そのあとです。「彼氏に会ってください」と言うので、三人でランチをすることになりました。「婚活パーティで知り合ったの？」と言ったら、「いえ、違います。会社の同僚です」。あらまあ。

彼は以前からT子さんに好意を持っていたそうで、会社のイベントがあってT子さんが困っていたら彼が手伝ってくれた。それで、一緒に帰っていろいろな話をしたというのです。自分の時間が連日、ある事柄でタイトになって自由に使えていないと彼女は打ち明けたとのこと。でも、さすがに婚活パーティとは言わなかったそうです。そして、「ああ、もう週末、『あのパーティに出なければ』という強迫観念から解放されただけで本当に私はハッピー」と言います。

私は大いに学びました。さまざまな結婚式、葬式、会社の周年パーティなどになるべく出なくてはいけないという、義理に縛られた感情が私のどこかにあります。義理を欠いたらよくないと思っているから。でも、それに出てしまった時間負債は、結局どこかで自分で取り返さないとならない。やっぱり時間負債を作らないことが一番。

本当にやりたいと思ったことを優先する。その他のことを信念を曲げてまでやることはない。その後、サッと割り切れたのはT子さんのおかげでした。

9. 忙しい人ほど時間の捻出がうまい

忙しい人は仕事に追われて働きバチで、何の趣味もないのか。いえ、とんでもない。忙しい人ほど時間の捻出が非常にうまい。例えば先述の項で紹介した東大先端科学技術センターの西成教授。「いつ歌の練習するの？」と聞いたら、「移動中」と、私と同じようなことを言っていました。

彼の紹介でNHKニュース解説の片岡利文氏が初めて私の事務所を訪ねてきました。「こんにちは」と言って本来ならば名刺交換ですが、西成先生の紹介だから、きっと一癖あるだろうと思った私。

「名刺交換の前にオペラを歌いませんか」

「いいですよ」とニコニコ。

「では、ヴェルディ作曲『椿姫』の劇中歌『乾杯の歌』、いかが？」

「いいですね」

というわけで、彼はテノール、私はソプラノで、イタリア語でガンガン歌いました。当社の地下セミナールームですから音が漏れません。様子を見に来たスタッフがビックリして「初対面の二人が名刺交換もしないで一緒に歌っている。なんと面白い」。すっかり意気投合し、これからのパフォーマンス学会をどうするかという話はトントン拍子で進みました。

では、どうやってその時間を捻出しているのか？

全部仕事の合間のコマ切れ。こんな時間の使い方は今に始まったことではなく、高校時代からやっていました。ＥＳＳの部長と生徒会議長をやりながら、自宅で幼稚園児に英語を教えていた。これがちゃんと収入になって、そのお金を持って日曜日に近くの丸の内タイピスト学校で英文タイプライターを習い、ライセンスも取ってしまった。現在パソコンでブラインドタッチがどうということもなくできるのは、当時のタイプライターの文字盤とパソコンのキーボード配列が変わっていないから。

忙しい人ほど、ちょっとした時間を大事にします。失われた時間は戻って来ません。念のため。

10．料理は最高の脳トレ、筋トレ

愛して学んで仕事をするという三つを同時にこなそうと思ったら、何が大切か。当然、健康です。どんなにお金があっても、有名でも、美貌に恵まれていても、健康でなければ仕事はできない。そこで、家事と勉強と仕事の三つをこなしながら、絶えず体を鍛え、脳を鍛える。つまり、トレーニングをするしか道はない。そんなことは誰だってわかっているでしょう。「暇がいっぱいあったら、スポーツクラブに行って筋トレをします」とか、「暇ができたら、大学院に入って勉強したいと思っています」などと言う人の「暇があったら」というときは、死ぬまで来ない。いや、死んでしまえばもっと来ない。

要するに日常生活の中で必ず使っている時間を筋トレ、脳トレに使うのが最も効率がいいに決まっています。そこで私が考えたのは料理時間。夫は私が働くことに反対し、かつ、食いしん坊であり、店屋物は嫌いで、女房が作った料理を食べたがる。そうなれば、料理は家事の中でも抜くことができないマスト、必須事項です。そこで考えたのは、料理時間に脳トレと筋トレをしようということ。「筋トレ」は三〇年前にもあった単語だけれど、「脳トレ」はなかった。でも、料理ほど頭を使うものはないのです。

当時、桐島洋子さんという評論家が、『聡明な女は料理がうまい』（アノニマ・スタジオ）という本を出したけれど、彼女の言っていることはまさに正しい。料理に最も必要なのは、味覚とか美意識ではない。脳の働きです。どうやったら、より栄養があり、より美しく見えるものを、より速く作れるか。しかも無制限に食費を使っていてはエンゲル係数ばかりが高くなり、独身だって家庭持ちだって食い倒れになってしまう。少ない予算で、短い時間で、より美しく、よりおいしいものを作らなければいけない。オリンピックの標語のようなものです。「より速く、より美しく、よりおいしく」。言ってみれば、料理はコンペなのです。自分との戦いです。サボろうかなとか、決まった方法でやろうなどと思っていたら、「より速く、より美しく、よりおいしく」はできない。昨日と同じ味、昨日と同じスピードでしょう。これでは日々、原稿の量や依頼される仕事が増えている私には、絶望的でした。

だから、ビニール袋の外からゴム手袋で茹でたジャガイモを潰すなどという芸当を考えついた。そして、火を使うＩＨヒーターと電子レンジは同時に使う。二つの加熱作業を一気にやっていく。何か作るときは、作るはしから大きなボウルとか大皿、まな板などの大物は、どんどん洗ってしまう。そうすれば最後の洗い物が少なくて済みます。わが家には現在、食器洗い機があるけれど、七人分ぐらいならば食器洗い機を使うよりも、洗いながら作っていく私のやり方のほうが速い。しかも、台所のダスト入れは、足で踏むペダルで開きます。足も使い、手も使い、頭も使い、ときには右手と左手で違う動作をしながら全身くまなく使うから、料理は最高の筋トレ。そして、どうやったら最も美しく、最も速くできるかと常に考えているので、これが脳トレ。

一人暮らしだって同じこと。「一人暮らしだから、全部コンビニで買ってきたものをチンして、プラスチックトレーのまま食べます」なんて侘《わび》しいではありませんか。コンビニで買ってきたものだけで結構。一つだけ何か手を加えて、ピカッと美しいものを添えてみましょう。それだけで気分が変わる。

料理は食べればいいというものではない。最高の脳トレ、筋トレ。目を楽しませ、胃袋を楽しませ、明日の活力源を作る。何が大事といって、料理は男にも女にも、人生一〇〇年で最も大切な日常行事だと思うのです。

11．ありあわせの食事だけでは毎日の損失

自分が資産だというのに粗末なものばかり食べていませんか。食事は一日に三回ある。自分という資産を育てる大事なチャンスです。それをありあわせや、レトルト食品ばかりで済ませていたら、どんどん栄養が偏ります。貧血になったりカルシウム不足になったり、逆に脂肪の摂り過ぎで太ったり、糖質の摂り過ぎで若くても糖尿病になったり、ろくなことはありません。食事はどれだけ気を遣ってもいい分野だと私は二十代から思っています。

その哲学は今でもまったく変わっていないので、ここ三〇年間、私の主食は玄米です。それも発酵発芽玄米。専用の釜は顧問先の社長で「健康オタク」というラベルを

お互いに貼り合っているK社長からのプレゼントです。このお釜で玄米を炊くと発酵発芽になる。それを主食としてさまざまな副食を食べます。

もちろん、仕事がらみの外食や、友人たちとの外食、近くに住んでいる娘一家との食事など、いろいろなバリエーションはあるけれど、とにかく一人分でも絶対自分で自炊をする、これだけは絶対に譲れない。もっと言えば、誰か私に頼んでさえくれれば、隣の家の食事も作りたい。ときどきはスタッフたちの昼のスープやサラダも作ります。そして、どんなに急いでいても、最もその食品が入っておいしそうに見える器に盛る。ありあわせのプラスチックのお皿になど絶対入れないのです。食器を選び、食材を選んで、時間があれば、「ああ、なんて幸せなことでしょう」と料理に励む。

私の朝食は誰が見てもビックリ仰天の内容なのですが、調理して器に盛って並べるまでの所要時間は十五分間です。この朝食があまりにもリッチなので、今まで二度ほど単行本の中で、「アヤコ先生の食卓を写真に撮って解説してください」というのがありました。

そこでいつもの朝食を撮影し、終わってから、「どうぞお召し上がりになって。私

はもう今朝食べちゃったから」と言ったら、カメラマンと編集者の二人が「いただきます」と食べ始め、「ウソ、これ一人で食べるんですか」と編集者の声。「はい、一人でこれだけ食べるのよ」「なんと多いのでしょう」となりました。

四〇年間ほとんど変わらない私の朝食メニューは、納豆、ただしここに刻みネギが山ほど入り、塩分三パーセントの紀州南高梅の梅干しが一個、そして、それらを焼き海苔で包みながらいただきます。なので、納豆といっても、そこに入っているのは、納豆、ネギ、梅干し、焼き海苔の四品目。

さて、牛乳。これはもう二〇年間、生乳

から作った低脂肪牛乳。加工乳は飲まない。そこに黒ゴマきな粉と大麦若葉のパウダーをたっぷり。これで牛乳一品の中に三品目。

ヨーグルト。ここにはオメガ3系の油、アマニオイルを小さじ一杯、同じく蜂蜜小さじ一杯。この蜂蜜はアカシアの蜂蜜で、純粋国産のみ使用。その上にブルーベリー。生のブルーベリーが手に入らないときは瓶詰で代用。さらにクルミを六粒ほど。こうすると、ヨーグルト一品の中に、アマニオイル、蜂蜜、ブルーベリー、クルミの四品目が入っている。

ミニトマトと食べる煮干少々（煮干を信州リンゴの酢で漬けたもの）。

さらに抹茶レモンジュース。これはレモン二分の一個をその場で搾《しぼ》り、抹茶を溶いた中にレモンの搾り汁と蜂蜜を入れます。なので、抹茶の中にレモンと蜂蜜の二つが入っている。それにブロッコリーのジュース。これは自分でミキサーを回していたときもあるけれど、今は手抜きをして缶詰です。

以上。朝食だけで二十品目ぐらいの食品を摂っています。それが毎日続くのだから、このあと昼食も外、夕食も外となっても、まあ、朝食で必要なものは一式摂っているか、ぐらいの呑気《のんき》な気分でいられます。

もしもコンビニですべての食事を買ってきたとしても、せめて一つだけでもいいので、ほかのどこにもない、何か不思議な盛り付けをして食べましょう。食事を全部ありあわせにするなんて大きな損失です。

12. 家事も仕事も「より遠く、より美しく、より速く」

家事と仕事、そして常に何か勉強している私に、「全部を貫くポリシーは何ですか」などと人が聞きます。ポリシーなどという高尚なものではない。常に「愛して学んで仕事して」の三つをやろうと心がけてきた。高校生時代からの六〇年、この三つを三立するときに自分で勝手に作ったキャッチフレーズがあります。「わたしを勝手に決めないで」風に一行でできているから、どうぞご覧ください。

「より遠く、より美しく、より速く」です。何か勉強したり仕事するならば、今までやったことがないことをして、もっと遠くまで行きたい。そして、どうせ何か仕事をしたり、お話ししたり、洋服を着たりするならば、より美しく仕上げたい。さらに、「この仕事やっておいて」と言われて、「明日まで」と言われなかったから一か月後でいいやという人は、キャリアとしては失格。「この仕事をやっておいて」と言われたら、より速くやるにはどうしたらいいかなと考えましょう。

速くやることは焦ることとは違う。Haste makes waste.「急いては事を仕損じる」という諺は英語も日本語も同じ。焦って速くするのではないのです。自分の潜在能力を鍛えて、どこまで速くできるか試してみる。これはちょっと面白い、スリリングなゲームだと思えばよろしい。例えば、私も仕事大反対の心臓外科医の夫が夜一一時五〇分ごろ自宅に向かって歩いているのを後ろからタクシーで追い越して家に飛び込んで「お帰りなさい」と涼しい顔で言ったことがあります。

仕事も家事も、より遠く、より美しく、より速く。そうすると何の時間が取れるか。そう、自分育て、つまり勉強する時間がここから編み出されてくるのです。

食事をめちゃくちゃ速くするのは賛成できないけれど、できることは、さっさとやりましょう。明日に持ち越す必要がないように。

さて、ここは英語で締めましょう。Don't put off till tomorrow what you can do today.「今日できることを明日に延ばすな」。そのとおり。悪事は別。よいことは全部、明日に延ばさないで今日やりましょう。明日また、もっと面白いことができるから。

13. 読んだ本はメモカードに残す

「最近、何の本を読みましたか」と、私は採用面接や大学で自分のセミナーへの決定面接で必ず聞きます。「えーと、えーと」と言ったあとで「時代物です」とか、「ミステリーです」という答えが返ってくる。「何という本ですか。筆者は?」と言うと、そこでまた、「えーと、えーと」開始。読んだ本は頭の中にメモリーしないと、読んだというだけで消耗品になってしまう。

そもそも本は、その筆者が自分の生きた多くの時間を注ぎ込んで作っているので、大げさにいえば、ほかの人の人生をもう一度生きたことになる。ググって単語の意味を調べるのとはまったく違う。本質的な思考パターンまで、人のものが自分のものに加わる。本は、ここがいいのです。

出版不況で最近は本が売れませんが、あの明治大学の齋藤孝先生はじめ、日本の知的リーダーたちがこぞってこの二年間、パソコンで単語だけ調べた人と本で読んだ人では知的レベルが違うということを指摘しています。

そう言われてみれば、親しくさせて頂いているジャパネットの髙田明会長も本を読むのが大好きです。とくに世阿弥の本は繰り返し読まれているので、『花伝書』や『花鏡』について話が止まらなくなったときもあります。佐世保の本社に講演に行った日の夜、御自宅に呼んで頂いて世阿弥を語り通した。そこから「パフォーマンス学って面白いですね」となり、以来三〇年、いまだに応援してくださっています。大変な読書家です。

読んだ本は何らかの形で記憶以外のメモリーに残しましょう。大学時代は、パソコンというものがなかったので、B6のカードを自分で作って、そこに書名、筆者名、年月、要旨などを書き込んでいました。現在は自分のパソコンの中に図書カードがあります。そうすれば、名前検索か書名検索、キーワード検索で、読んだ本がたちどころに出てきます。

頭の構造から見ても、このやり方は正しい。黙って読んだだけでは視覚情報、それを誰かにしゃべれば聴覚情報で、また自分の耳からフィードバック。さらにそれをパソコンか紙に書けば、手を使うので、自分の触覚がまた動く。そんなふうに体全体を使って本を読むと内容が頭に入ってくる。そういえばいつか齋藤先生に会ったとき、「体を動かしながら読むと、もっと頭に入りますよ」とおっしゃっていましたが、はたして今もそんなことをやっていらっしゃるのでしょうか？　ともあれ読んだ本は何らかの手段でメモリーに残しましょう。

14. 前日の夜のうちに明日の仕事手順をメモする

仕事で差をつけている人は、明日の予定がわかっている人です。「明日のお昼いかが？」と聞いて、「えーと、秘書に聞いてください」という人は、あまりにも自分の頭を信用していない。一週間、一か月の予定が暗記できていなくても、数日先までの予定は前日のうちにもう一度さらっておきましょう。

できる女、キャリアの時代といっても、女性は今まで仕事の手順を徹底的に学ぶということをしないまま会社社会で生きてきました。男性は自分の将来に関わると思って、見よう見まねで仕事を速くする手順を考えてきました。そう思って周りをご覧ください。「ＰＤＣＡシート」だって、「トヨタのＡ４一枚にまとめる方法」だって、両方とも発明者は男性です。

男女雇用機会均等法ができ、働き方改革関連法ができた今、何が一番問われるか。個人の能力です。能力のない人は、何時まで会社にいても成果が上がっていないから給料が安い。能力があり、完璧な仕事ができる人は、そこで仕事をしようが青空の下でやろうが、その人の勝手。出来上がったものが完璧であるかないかが、一番の問題でしょう。「働き方改革」もいくら時間管理のことだけ言っても何も始まらない。あの電通だって見てください。なるほど、夕方五時で本社ビルの電気のいくつかは消えています。しかし、できる社員は仕事をしています。

私は、仕事をしても成果が出ない人はさっさと帰ったほうがいいと思っています。

ダラダラ残って残業代を請求するのでは意味がないでしょう。すべての職場が能力給になれば、本当の働き方改革ができるでしょう。それには明日の仕事がわかって、今日のうちにスタンバイすることができるやる気と行動力のある社員を増やすことだと思います。

女性の場合は、明日何をするかが見えていると、もう一ついいことがあります。服装が揃えられることです。私も明日ＶＩＰに会うとわかったら、スーツからアクセサリー、時計、靴まで全部変えます。でも、明日、一〇〇〇人の若者たちと夢を語る夢アワードの会に出席するとなれば、あまりかしこまった格好よりもシャツブラウスにジーパンのほうが二十代の人たちとざっくばらんに話せる。そのときは高い宝石はやめて、何かデザインのユニークなものをつけていきます。それだって前日のうちに用意してあるから、朝パッと動ける。四月、ビジネスの会議に出る日と安倍首相主催の「桜を見る会」に出席する日が重なってしまったときは、服装は同じでもまったく違うアクセサリーをバッグに入れていきました。

前日のうちに明日の行動手順がわかると、自分の服装を決めるのに便利です。これは、パフォーマンス学では「オブジェクティクス」（物の使い方）と呼ばれる大事な部分です。女性の場合は男性よりも服装のバリエーションがたくさんあるから、なかなか楽しいですね。

15．忘れないコツは声に出すことと文字にすること

何か人から聞いたのにすぐ忘れてしまった、本を読んだのに忘れた、ネットで調べてさっき見たのに忘れた、という人がいます。忘れっぽいのと認知症は、似ているけれど違う。何度も忘れるのは単に忘れっぽいのであって、認知症ではない。しかし、認知のゆがみが発生すれば、覚えることすらできない。忘れる以前の問題です。

これは記銘力と記憶力という二つのまったく違う力で、「昨日食べたものを忘れちゃった。けれど、小学校のときの友達の鼻の頭にニキビがあったのはよく覚えてる」となれば、昔のことを覚える記憶力はあるけれど、新しいことを覚える記銘力はない。両方ともなくなると、若くても若年性認知症でしょう。そこまで行かないけれど、よ

くいろいろと忘れてしまう人はたくさんいます。

森山良子さんの数年前のヒット曲「Ale Ale Ale」を思い出してください。「ああ今日も忘れた……」と、四分近い長い曲ですが、現在もCDとなりカラオケになってあちこちで売れている。なぜでしょうか？　みんな、「忘れる」ということにちょっとした恐怖を持っているからです。

何でも忘れる人がいます。それは年齢に関係ない。「忘れないコツは何ですか」とよく聞かれます。「忘れないコツは、猛烈に勉強すること」と言って知らん顔をしていますが、もっと簡単な忘れないコツがあります。それは書き留めることです。あとでと思わないで、すぐ書く。

例えば名刺交換をしたときに、その人を特徴づける言葉を聞いたとします。そうしたら、サッとその名刺にメモを入れます。「近々CEOになる予定」などと書くわけです。若い人で、「なんとかコンサルタント」という名刺をくれる人がいます。でも、話をすると、その専門分野についてあやふやな答えしか返ってこない。そうすると、名刺の「コンサルタント」というところにバツ印を記入しておきます。コンサルとしては使えないという印です。忘れないためには、名刺交換の場でさっさとその名刺に何らかの加筆処理をしてしまうこと。

でも、名刺交換以外でも忘れないコツはあります。それはなるべく早い時点でメモを作ってしまうこと。パソコンでも何でもいい。最近、京王線に乗ったら、二十代後半と思われる男性の手の甲いっぱいに何かボールペンで書いてありました。彼の手の甲に注目したら、どうやら営業先の客の注文数を書いてあるらしい。忘れないうちに書いておこうと思って手の甲に書いたのでしょう。つい微笑ましくて、「手を洗う前に紙に書き写してね」と思っていました。

忘れないコツは文字化することです。もう一つは声に出すこと。例えば読んだ本について明日、会議で発表しようと思ったら、何と発表したらいいか、その台詞を一度は言ってみましょう。ボイスレコーダーに入れてもいい。こうやって声に出すと、記憶がさらに定着します。

16. キリモミ作戦なら時間を上手に使える

アシックスという靴の会社をご存知でしょう。創業者は鬼塚喜八郎さん。数年前に亡くなりましたが、素晴らしい方でした。常に言っていたのが「キリモミ作戦」。「これと決めたら細いキリで穴を開けるように、絶対それに集中的にエネルギーや時間を使え」という教えです。四半世紀お付き合いさせて頂いて、本当に娘のように恋人のように妻のように可愛がって頂きました。

何度も指導教官のリチャード・シェクナーに手紙を書いてニューヨーク大学大学院に受け入れられたときもほかのことは一切言わず「日本でパフォーマンス学を広めたいから」「あなたの日本人の一番弟子になるから」と、同じことを三十通以上手紙に書き、当時はメールがないから、こちらの書いた手紙がものすごい量になったとき、たった一通返事が来ました。「ＯＫ！　あなたを受け入れる」。しかも授業を手伝ったら多少授業料を引いてあげるというわけでニューヨークにパフォーマンス学の勉強をしに飛んで行ったのです。

なんでできたか？　もちろんキリモミ作戦。そのことだけを書きまくったからです。さて、日本に帰ってパフォーマンス学会を作ろうとしたら、お金がない、名誉もない。思い出したのは当時経団連副会長だったアサヒビール社長の樋口廣太郎氏（当時）です。樋口さんと決めたらもう迷いはない。会社に押しかけて行って「パフォーマンス学会の初代会長になってください」「嫌ですよ。素晴らしい自己表現の学問だというのはよく理解した。しかし僕と関係ないでしょう」というわけで、一回目はすごすご帰ってきました。雑誌で一度対談しただけですから、無理もないことでしょう。

ところがそれから約半年後、長野駅のプラットホームでまたばったり会ってしまったのです。強引に彼の隣の席に乗り込んで、上野までひたすらパフォーマンス学の素晴らしさと「会長になってください。初代一年でいいです」というお願いを、おまじないのように言い続けました。彼は寝たふりでグーグー。でも上野駅に着いた瞬間に言ったのです。「よろしい、一年やってあげよう」。長野駅から上野駅までの三時間半、キリモミ作戦成功です。樋口さんにほかのことは一切話しませんでした。「アサヒビールはスーパードライで売れてますね」などの社交辞令も一切使いませんでした。私はひたすら「パフォーマンス学、パフォーマンス学」とおまじないのように言い続けただけです。

何かを最短時間で成し遂げようと思ったら、ほかのことはすべて棚にあげてそのことだけを言ったり書いたり思ったりつぶやいたり話に行ったり、寝ても覚めてもやったらいいのです。そうすれば最短で目指す地点に到達します。

17. 資金集め一億円超でも私は無給

アサヒビールの樋口さんが「会長を引き受けてあげるよ」と言ってくださったのは、〈大変心強い、やったー、自分の努力と相手が大物であることがラッキーだった〉などと内心笑いが止まらなかった私。「でも、待てよ」と、次に真剣に考えました。学会を設立して、公益社団法人化するために当時管轄だった文部省/科学技術庁生涯学習局へ届けに行くためには、最初の資金が通帳の上で最低七千万円ぐらいは必要だったのです。

さあ、困った。七千万円をどう集めるかと、ない頭をひねって悩んだ末、税理士や社団設立に詳しい立正大学福岡教授と詳細に検討して、賛助会員という名称で年会費三百万円、法人会員という名称で年会費二十万円、そして個人年会費一万円を集めて、日本人の自己表現力向上に貢献するという、この学会の設立趣旨に賛同する人を集めることにしました。

まずは樋口さんにお願いをして、賛助法人としてアサヒビールから年会費三百万円をいただくことにしました。そこからが大変でした。次々とこれまでの雑誌対談その他でお会いした社長さんたちを訪ねていく。「こんにちは。日本人の自己表現力向上の学会活動を開始します」と始めるのですが、一回顔を見ただけのような女が一人で乗り込んできて、「会員になってください」だの、「理事になってほしい」だのと言い、次は「年会費をください」などと言うのですから聞いた相手がすんなり「ハイ」と言うわけがない。

それでも私が信念を曲げず、強力にお願いできたのはなぜか。理由は簡単です。自分がこの学会から一円も給料や報酬をもらうつもりが最初からなかったこと。

一九九一年は設立趣旨を明記し、お金の予算書を作成し、自分は無給で、むしろ自分が設立した株式会社国際パフォーマンス研究所から年会費二十万円の法人会員としての会費を支出することも明記して、次々と資金集めに奔走。雨が降っても夏の太陽が照りつけても、当時、山之内製薬（現アステラス製薬）のガスターを飲んでは、次々と社長訪問。結局、三百万円の賛助法人会員十社、二十万円の法人会員十八社、個人一〇〇人を一年間で集めることに成功しました。全部の合計収入は、約七千万円。これを二年続ければ、一億四千万円の基金ができることになります。そのお金を使って事務所を借りたり、社員を雇ったりもしなくてはならない。

二年で一億四千万円を集めて設立した学会は、日本には皆無だろうと思います。それだけ私は本気だったのです。産学共同体制を整え、経営者やビジネスマンにもプラスになり、研究者にもプラスになる自己表現力養成の学会を作りたい。そこには大きな「日本人の幸福のため」というビジョンがあった。自分に対する利益、利己の気持ちは微塵《みじん》もない。利他一〇〇パーセントの動機がそこにはっきりと見えていました。

偶然訪ねた相手がアサヒビール、関西電力、積水化学工業、日本通運、山之内製薬、北海製罐など一流の社長ばかりだったことも幸いしたでしょう。これらの賛助会員と、小田急電鉄、資生堂、そして私のふるさとの八十二銀行、日本交通公社（ＪＴＢ）などと自分の株式会社を含めた十八社の法人会員、これらの経営者はみんな、私の本気度をきちんと測り、「自己表現力が上がると日本人にどんなメリットがあるのか」と見通しを正確に聞きたがりました。当然でしょう。「にこやかな女性が来た」くらいで実質的メリットが何もないのにお金を出してくれる会社は、世界中どこにだってないのです。

そんなわけで、資金集め一億円超を二年で達成し、私は当時も今も無給で、国際パフォーマンス学会を一九九二年にスタートしたのでした。努力が実ったなと、発足式の前夜は喜びと興奮と感謝で、長野県から泊まりがけで手伝いに来てくれていた妹と共に一睡もせずに語り明かしました。

何かをするならば、自分の財布にその利益を入れようと思わないことがおすすめです。最初からそこを諦めてしまって割り切ったほうが、大きな仕事ができます。結果として、あとから利益がついてくれば、それで十分ではありませんか。尊敬されてお金を集められるか、軽蔑され、恨まれたり妬まれたりしながらお金を集めるのか、人生の明暗はここでくっきりと分かれるはずです。

18. ヤベツのように最後は神様に丸投げしよう

聖書にキャベツにそっくりな名前の人が登場します。ヤベツさんといいます。ヤベツは敬虔なクリスチャンですが、あるとき大声で神様に言います。「神様、私の領土を三倍にしてください。私の収入も二倍にしてください」などなど、次々と要求します。すると、神はそのようになさった。え？　まさか、ギャンギャン言えばそのようになるの？　それじゃまったく、組合が叫んだら基本給が上がった、みたいな話じゃないの。いえ、違うのです。ここには二つ大事な前提がある。

ヤベツは猛烈に働く農夫です。暗いうちから起きて農作業をし、ベストを尽くしている。それなのに彼の栽培している野菜は不作で、所得も増えず、雇い人の数も増えない。そこでついに自助努力の限界を超えて、「神様」と大声で叫んだ。二つ目の特徴は、ヤベツは謙虚な人です。自分の能力の限界を知っている。だから、「ここから先は神様が助けてください」と叫んだのでした。この二つがあれば、神様に叫んだときにヘルプが降ってきます。

「お釈迦さま」と叫んでも、「仏様」と叫んでも、それはそれぞれ自由でしょう。けれど、何か一つ自分より大いなる存在、大きなものに対して「助けてください」と願うことは、素敵です。何もしないで願うのを「他力本願」「棚から牡丹餅《ぼたもち》」といいます。これは調子がいいだけで、最後は何も手に入らない。

けれど、ベストを尽くし、自分の限界を知った上で「助けてください」と言えば、援助がそこここから降ってくる。人間社会もヤベツと神様のように信頼関係と助け合いのネットワークを日頃あなたが持っていれば、きっと助けが与えられます。

第4章

私に伝える、誰かに伝える
愛されながら主張するコツは
まず「つぶやき」から

1.「表現主権」というとっておきのキーワード

「口の上手なセールスマンが来て、ぐいぐい強引に薦めるから、ついに買わされちゃった」という話を聞いたことがありませんか。なんだかその話を聞いていると、セールスマンが主人公で、その人は被害者、やむなく買ったという感じがしないでもありません。でも、本当にそうでしょうか。どういう言い方をされたにせよ、「買います」と最後に声を出し、相手に頷いたのはその人のはず。口から言葉を出す、首を振って頷くという単純なことに対してあまりにも無責任だと、つい「こんな女に誰がした」的な、「相手のせいだ」という言い方になります。

そうならないための、とっておきのキーワードをどうぞ。「表現主権」という言葉です。日本でも人気のあの心理学者アドラーは、「人生の主人公はあなた自身だ」という主体性の原理を説いて世界中にファンがいます。主体性の原理は、何を言うにも食べるにも動くにも、結局その決定をしているのがあなただということです。

表現においてはまさにそうなのです。ちょっと面倒くさいかもしれませんが、紀元前四世紀までどうぞ一緒にプレイバック。あの哲学者アリストテレスは、『詩学（ポエティケス）』という本を書きました。彼が自分のアカデミアで教えたことを書き留めたものです。これは世界最古の演技論。専門の舞台では、役者はそこで台詞を言ったり動いたりします。その背後に演出家、台詞を書く脚本家、照明の具合を調節する照明係、その日の衣装を決めてくれる衣装係、音響係もいれば、幕を引いてくれる人もいる。そして、向こう側には、お金を払って舞台を見に来た観客がいる。それが商業演劇、プロの演劇です。

でも、日常はどうでしょうか。今日どんな服を着ていくか、どんな化粧でその人に会うか、会ったらどのタイミングで、どんな場所で、どれぐらいの長さの言葉を言うのか。そんなことをいろいろ考えて決めるのはあなた自身。ほかの誰もそれを決めてくれません。

口から言葉が出て、微笑みがあなたの顔から出たら最後、それらのメッセージはあなたから離れて独立した分身として相手の心に向かって飛んでいきます。目から入る情報であれば、あなたの全身から出て、相手の視覚にキャッチされて、心に入っていきます。アメリカのT・ウイルソンの研究によれば一秒間に一万一千要素もの情報を人間はキャッチし、そのうちの四十要素を脳で処理する。こんなすごいことが行われているのが人間。だから、あなたはどこに行っても自分が俳優であり、演出家であり、脚本家なのです。なんて素敵でしょう。

アリストテレスは、「舞台があって、俳優がいて、観客がいるという三つの要素があることが最低限ステージには大事だ」と書きましたが、舞台はあなたに付いて回り、俳優はあなた自身、観客はいつだってあなたの目の前にいるその人。表現する自由があなたにあって、人生は、あなたがさまざまな言葉や微笑みを発信するステージなのです。「表現主権」とはワクワクする考え方ではありませんか。

Q.「幸福」は表現から生まれる。アランの幸福論のヒント

クリスマス近くになると、レジの周りに必ず積まれる本があります。フランスの哲

学者アランの『幸福論』です。何度読んでも言葉がリズムに溢れているので、アランは哲学者というより詩人なのではないかと思ってしまう。そのアランがこんなことを言っている。「雨の日ほどいい顔をしていたまえ」。どういうこと？

本当に梅雨時で鬱陶しい雨が毎日降っているという雨の日もあるでしょう。でも、アランが言っているのは、人生の雨の日。バカにされたり、裏切られたり、失敗したり、自分以外の人ばっかり褒められたり、心に雨がざんざん降ってしまう、ひどい日が私たちにはあります。でも、そんなとき、暗い声で「しんどいわ」と言い、今にも怒りが火を噴きそうな顔で「なんで私だけこんな目に遭うの？」と言ってしまえば、幸福はあなたから逃げていく。だから、雨の日ほど爽やかな笑顔をキープしなさいとアランは言っているのです。

私のパフォーマンス学では、「心が変われば表現が変わる、それは当然のことでしょう。でも、表現が変われば心が変わる、そんなことがあるんですよ」といつも説いています。

心が明るくなったら表現が明るくなるならば、実はサルだってできる。いえ、そんなことを言ったら、だいぶ昔に長野県知事だった吉村午郎《ごろう》知事は馬を飼っていて、彼曰く、「佐藤さん、馬だってうれしいことがあったらヒヒンと笑いますよ」。え？　とビックリしましたが、少なくともゴリラはそうです。人間がうれしいことがあって笑うのはゴリラ並み。うれしいことがなくても、雨の日でも、うれしそうに見せることができるとしたら、それこそ人間の特権というものでしょう。

アランは極め付きの言葉として、こう言うのです。

「人は幸せだから笑うのではない。笑うから幸せなのだ」

やったーと、この言葉を見るたびに思います。

二〇一六年、科学雑誌の「ニュートン」は面白い発表をしました。喜びや楽しみの笑顔を表現していると、そういう表現をまた見たいと脳が欲し、目の前の人たちも楽しくなっていく。それを見てまた自分も楽しくなる。脳のミラーニューロンの働きを一〇人ほどの研究者たちが特集として4回にわたって発表しています。そのときの特集のタイトルが「脳とニューロン第3回　感情を生む仕組み　私たちは泣くから悲しくなる？　喜怒哀楽が生じるメカニズムに迫る」というのです。幸福の表現から幸福の気持ちが発生することをついに脳科学も突き止めたのです。

さあ、「つらい」「不幸だ」とネガティブな発信をするのはやめましょう。顔だけでも、声だけでも、明るい表現をしましょう。そのことがあなたに幸せな気持ちを連れてきます。快感物質が出る脳の「A10（エーテン）神経」が、いい表情をしたときの感情をあなたにフィードバックしてくれるからです。試しに、明日から幸せな顔を見せて、幸せな言葉だけを口にしてください。人生がガラッと変わります。

3.「つぶやき」は知っている、クローバーと私

二〇〇一年に私が相当落ち込んだことは前に書きました。そんなに落ち込んでいるときは、堂々と胸を張って前を見て歩くというのはなかなか難しい。つい下を見てトボトボと歩きます。歩いていた場所は、世田谷区の自宅の近くのちょっとした坂道。下から私は坂を上がっていくところでした。勾配はきつくないけれど、なんとなく平地を歩くよりもさらにしんどい気がするし、なにしろ落ち込んでいるので、トボリ、

トボリ。

すると、足元に土なのか埃なのか、ちょっとした土だまりのようなものがあり、そこからクローバーが二本、顔を出していました。あれ？　ほとんど土もないのにと思って、ついしゃがみこんで、ちょっと手を触れてみると、しっかり根を張っています。こんなに小さいのに、こんなにひどい環境で根を張っている。思わず言葉が出ました。

「きみは偉いね。こんなひどいところでもちゃんと咲いていてさ」

声にならない声でそう言いながら、ふとクローバーに微笑みかけたのです。なんとなく友達を見つけたような感じでした。

その瞬間です。あれ？　と私は自分が微笑んだことと、クローバーちゃんにお礼を言ったことで、気分がキュンと急に明るくなっているのに気がついたのです。え？と思って、立ち上がって視線をちょっと高いところに向けました。黄昏《たそがれ》どきの空が少し赤みがかって、まあ、なんと美しいことでしょう。「神さまが作った空はこんなにきれいだったんだ」と、ビックリしました。下を見てクローバーにもう一度、「ありがとう。きみのおかげだわ」と言って歩き出したら、坂を上がる足が軽くなった。そのうれしさを一八年経った今も、ありありと思い出します。

つぶやいたり微笑んだりしたのは、クローバーに対してというよりは、どうやら自分に対してだったみたい。落ち込んでいるときはもしもそびえ立つ富士山を見たら、ますます自分がみじめになったことでしょう。埃みたいな土にしがみついているクローバーだったから、何気なく「きみは偉いね」と褒めてあげることができた。考えてみたら、下を向いて歩いていたことはラッキーだったのかもしれない。

ネガティブな状況のとき、あまりのスーパー美人を見たり、完璧な絵を見たりしなくていいのです。ちょっと小さなものでも、日頃見ない一輪の花でも、しっかり見つめて、そこに神経を集中してみてください。自分の手のひらだっていい。そうすると、それが本当に頑張っていることに気づくはずです。

もっとも、これには心理学的な証明があります。前にも少し触れましたが、マインドフルネスと呼ばれる一連の心理学者たちの気持ちのトレーニングに使われている方法です。クローバーを見ていた頃の私は、そんな単語はもちろん知りませんでした。ただひたすら小さなクローバーに気持ちを集中させて、ほかのことを全部忘れてしまったただけ。現在の私は、それが「マインドフルネス」という一つの集中のスキルだったことがわかります。そして、「ありがとう」とつぶやいた、これが効きました。ぜひお試しを。

4.「やってられないわ」とつぶやいていたNさんの変化

もう長年パフォーマンス学を勉強している中家さんという女性がいます。会社の人材教育部門で活躍し、最近は大学でもコミュニケーションに関する授業を持つようになりました。そんな彼女が一〇年ほど前、ふと言ったのです。

「アヤコ先生が出てきたんです」

「え？　お化けみたいな話。で、どこに？」

「昨日の電車の中です」

「私は昨日、電車に乗っていないわよ」

聞いてみたら、こうでした。彼女は、多くの社員たちを集めて研修会をやることがある。研修が終わって、みんなを送り出し、「お疲れ様」と言って見届けたあと、彼女はその机と椅子を元に戻さないといけない。ストッパーを外し、足も手も使って一人で十二台の机を動かす。散々研修をして疲れたあとだから、大したことがない作業かもしれないけれど疲れます。つい「なんで一人でこれやるのよ。やってられないわ」とつぶやいたとのこと。声に出して言ったことも何度もあるというのです。

そんなある日、電車に乗って、「まったく。手伝ってって言わなくても手伝ったらどうなのよ」と内心思って膨れっ面をしていたら、なんと頭の中に私の顔が出てきて、台詞を言ったというではありませんか。「中家さん、『やってられないわ』と言う前に、『悪いけど手伝ってくれたら大いに助かるわ』と言ったの?」。

「え?」と思った彼女は、次からそれを実行してみたのです。すると、本人もビックリ。「ああ、いいですよ」と男性も女性も気軽に机を動かして、ほんの数分で整然と机の並べ替えは終了。「お疲れ様でした」とか「ありがとうございました」と口々に言いながら会議室を出ていったとのこと。

「こんなに簡単だったんですね」と彼女。

「よかったね。『やってられないわ』というのも文章にしたら一行、『悪いけど助けてくれたらうれしいな』だって一行。どうせ一行をしゃべるならば、『私に手を貸してね』という言い方をしたらいいじゃない」

「本当にそうですね。何のためにパフォーマンス学やっていたのかしら」と彼女はアハハと笑いました。

ここでイギリスのロバート・ブラウニングの詩、「アプト・ヴォーグラー」をどうぞ。「地上では欠けたる弧（アーク）、天上にて全き円（ラウンド）」。ブラウニングが作曲家のヴォーグラーを讃えた詩です。

そう、一人で大きな円は描けない。でも、皆で手をつないだら、素晴らしく大きな円になる。一人は小さなアーク。皆で作るのは大きなラウンド、サークル。「やってられないわ、私ばっかり苦労して」とつぶやくとき、つい私たちの顔には怒りが出る。これが人を遠ざける。その代わりに、「助けてくれたらうれしいな」とつぶやいてください。何でもよくできる有能な女性ほどなかなか口にしにくい言葉ですが、あなたが笑顔でそう言えば、皆喜んで手を貸してくれるに違いありません。

5．落ち込んだときにつける薬、三つの言葉

失敗したり、叱られたり、自分が無能だと思ったりして、ひどく落ち込むことがありますね。私のような年齢になっても落ち込むことがあります。若い頃もいっぱい落ち込むことがありました。頑張ったのに、自分の本の企画が出版社に認められなかったとか、徹夜で書いたのに本が全然売れなかったとか、落ち込みの種に事欠かないぐらい、仕事でも人間関係でも落ち込んだことがあります。

でも、いっぱい落ち込んだあげく、解決策に気づきました。三つの言葉です。一つはとっても簡単。例えば私がどこかで転んだりして自分の不注意に気づいて落ち込んだとき、こう言います。「おっちょこちょいというのは欠点だけど、決断が速いという美点でもある」。

これは心理学的には「補完」と呼ばれる心の動きで、ダメなことが見つかったら、よいほうのことを一つ見つける。そんなことで、よいことが悪いことを補完して、

「そんなに悪くもないか」と思える心の動きです。

もう一つは、子どもがよくやるやり方を私たちが真似することです。「yet」、「まだ」という言葉をつけるのです。「まだこれができない。でも、いつかできるようになる」。失敗したら、「まだできない。でも、次は成功する」。yet.まだできないと言うだけならば、今後できないとは言っていないので、自分につける薬になっている。

三つ目は、非常にインパクトのある、すごい言い方ですが、学術的根拠は何もありません。亡くなった私の父が常に言っていました。父はいろいろな事業をして失敗することが何度かあったのですが、借金取りに追いまくられても、ニヤリとしてこの台詞を言いました。「大丈夫さ。これで命まで取られないさ」。いろいろつらいし、借金を背負ったりしたけれど、命までは取られない。生きている。生きていれば、いつか取り返せるということでしょう。父は心理学者でも何でもない。けれど、確かにどんな失敗をしたところで、これで命が取られるということはないでしょう。

落ち込んだときにつける薬は、非常に簡単な補完の練習をすること、yetで言い換えること、開き直りの「これで命まで取られないさ」、この三つの言葉があれば大体は大丈夫です。

6.「あらあ、面白いですね」だけで会話がころがるF編集長

「日経ウーマン」という雑誌で私の担当だったFさんには面白い口癖があります。「あらあ、面白いですね」です。彼女は雑誌の編集者から単行本の編集者にポジションが変わりました。そこで私の本を手掛けてくれることになったのです。

打ち合わせのためFさんと天ぷら屋さんで会いました。カウンター席だから、そんなに込み入った話もできません。「昨日こんなことがあったのよ」と言うと、Fさんが「あらあ、面白いですね」。そこでついつい昨日の話をさらに詳細に。「ところでさ、この出会いのことを次の単行本の中で書いてみたいと思うの。そのときのテーマは『エンカウンター』よ」

「エンカウンターって何ですか。今日のカウンターと違って面白そうですね。あらあ、面白い」

「そうか、天ぷら屋さんのカウンターね。確かに名詞のカウンターはそうだけど。エンは強調している接頭語、そして、このカウンターは『向かっていく』という動詞なの。エンカウンター、向かっていく。つまり、初対面でなかなか口火が切れないときも、『こんにちは、佐藤です』と言いながら、自分のほうから『今日は暑いですね。厚着をしてきたら汗びっしょりです』などと自己開示をして、相手の懐にパンと飛び込んでいく。すると、相手がそれにフィードバックをして、いつの間にか二人のあいだに関係性、つながりが発生していく。そんな心理学のテクニックです」

そんな長々しい説明をつい天ぷら屋のカウンターでする羽目になってしまった。それというのもFさんの「あらあ、面白いですね」が呼び水なのです。一言言うと、「あらあ、面白いですね」と先を促す顔をする。そこでついつい洗いざらい、悪く言えば蘊蓄《うんちく》を開始せざるをえないというか、気分よく語ってしまう。気がつけばカウンターで一時間経過。

こんなFさんに、「結論を言うけどね、Fさんの『あらあ、面白いですね』は言語調整動作、レギュレーターズと呼ぶのよ」

「あらあ、面白いですね。それ何ですか」

「相手の話を止めたり促したりする、つまり相手の言語を調整するこちら側の動作、相槌、合いの手、頷き、拍手、ビックリ目を見開くなど一切合切」

「あらあ、面白いですね。それ書いてください」

と、まあ、そんな調子で、次々と説明を続けたのは私。彼女は途中で合いの手を入れて、レギュレーターズを発信していただけ。それでも会話は楽しく進み、両者大満足で、結局、本を一冊出すことになりました。

誰かの話を聞いたら、「あらあ、面白いですね」をお試しください。もちろん、あまりにも偉い人にそんなことを言ったら、「バカにするな」と怒られるかもしれないので、相手を見て使うことをおすすめします。

7. ネガティブなつぶやきは「怒り」の仲間、ポジティブなつぶやきは「勇気づけ」

「やってられない」とつぶやいたNさんのことをお伝えしましたね。では、その反対に、ポジティブなつぶやきは相手にどんな気持ちを生み出すのでしょう。それは勇気です。勇気をもらった気分になる、やる気になるのです。

ポジティブなつぶやきとは何でしょうか。「あなたがこんなに早く仕上げてくれたから、私は助かった」「あなたが頑張ってくれたから、私も鼻が高い」「あなたがいなければ、こんなにやる気になったかどうかわからない」「あなたのような部下がいるから、ボスの私まで元気が出ちゃうのよ。これからも応援してね」というような言い方です。

一方、「きみはこの仕事がよくできた。偉い、偉い」というような言い方は、親から子へ、あるいは教師から生徒へ、などの上下関係や、経験値がまるで違う間柄において上から下に発せられることはありますが、仲間やちょっとした上下関係にはおすすめできません。

目の前の誰かが何かをしてくれたら、それが自分をハッピーにしたり、自分を楽にしたり、自分にひらめきを与えてくれたり、本当にうれしいことだというお礼の気持ちを素直に口に出しましょう。それは、相手がこれから何かをやるときのファイト、勇気づけにもなります。「勇気づけ」は単なる「褒める」とは違い、褒められた人の自己肯定感がぐんと上がる、「あなたがやってくれるから助かっている」「きみのあの発言で幸せな気分になった」というポジティブな言い方です。これを練習しましょう。

あの心理学者アドラーもそれを「勇気づけ」と呼んだのです。「あなたがこんなに早くやってくれたから、私は報いられて本当に幸せな気分よ」と言えば、相手はもっと頑張るでしょう。「こんな人がいてうれしいな」とつぶやくのだっていいのです。ポジティブなつぶやきは結局、相手への勇気づけになっています。つぶやくなら、前向きで、いい言葉をどうぞ。

8.「なんで女性が先に謝るのですか」とあさイチに寄せられた質問への答え

ＮＨＫの「あさイチ」で夫婦喧嘩の話のゲストに呼ばれたことがあります。そのときに、「夫も私もまったくフィフティフィフティで悪いのに、先生は先ほど、『女性の側から謝ったほうが楽よ』とおっしゃった。どういう意味ですか」というファックスやメールが来ました。「なんで女性が先に謝らなくちゃいけない？　悪いのは夫のほうだった場合でも、とはどうしたって納得できません」というものだったのです。

番組の中では答える暇がなかったけれど、なんで女性が謝るかについては、研究者として明快な答えがあります。女性のほうが、言語表現の能力も非言語表現の能力も含めたコミュニケーション能力が高いのです。とくに非言語の読み取りは上です。私はそれを実験データとして持っています。

言語表現能力、非言語表現能力、つまり言葉で自分の思いを発信し、また、人の言葉からもその人の思いを汲み取る能力。それから非言語表現能力、言葉以外の笑顔や声、動きなどを工夫して発信することができ、非言語からも人の気持ちが手に取るようにわかること。そんな表現に関する能力は男性よりも女性のほうがスコアが高い。

貧乏な人とお金持ちがいると想像してみてください。貧乏な人はお金持ちに、「すみません、千円を貸してもらえますか」と言うでしょう。その反対はありえませんね。だったら、お金がある人からない人に流れるのが自然であるように、謝りの言葉だって、たくさん能力がある女性のほうから発信したほうが楽でしょうと番組の中で私は言いたかったのです。でも、時間が迫っていたから、「女性が先に謝ったほうがいいですよ」と言っただけで詳細な説明ができませんでした。

女性が先に謝るというのは卑屈なことでも何でもないのです。言語能力、非言語能力、共に表現能力は女性のほうが上なので、「謝る」というパフォーマンス学でいう「繕い直し」の動作にしても、女性のほうがサッと率直に実行できる。男性は、やれ体面がどうだとか、さまざまなしがらみに縛られて、「ごめんなさい」と自分から先に言うことが苦手です。どっちから言ったっていいのですが。もしも夫婦関係を円満に続けたほうがいいと思えば、言語及び非言語能力共に男性よりも勝っている女性がそれをやってみることでしょう。

言語表現能力において、女性＞男性。非言語能力の発信において、女性＞男性。そう考えたら、能力が男性よりも優れている女性が先に「ごめんなさい」を言っても何の損もないではありませんか。先に謝ったら損だなどと肩肘張らず、能力のあるあなたのほうから、「昨日はごめんね」とさらりと笑顔で言ってみましょう。夫婦や恋人関係の面白さがどんどん増幅していきます。

9.人の成功にコメントする最高の言葉は「素敵ね」

同じような仕事をしたのに、上司はあなたの横に座っているAさんだけを「すごい」「素晴らしい」「やったね」などと言いながら、あなたにはお礼や称賛の言葉がない。そんなとき、あなたの心はなんとなくザワザワと波立つでしょう。なんであの人だけ褒められるの？　聞いてるのも嫌だから、ちょっとトイレに行ってこようと席を外したりしますね。

同僚や仲間でも「自分の家族は素晴らしい」とか、「私は子育てに成功しているみたい」などという家族自慢を聞くと、これまたうんざりする。そこで、「素敵ね」と言わず、「そうなんですね」と言って終わらせてしまう。「素敵ですね」を仮に言うにしても、低いトーンの暗い声で言ってやる。

それが人間の困った癖、ジェラシー、嫉妬、妬みと呼ばれる感情です。あの慶應義塾大学をつくった福澤諭吉先生も書いています。およそジェラシーほど厄介な感情はない。しかもこの御し難い感情をみんなが持っている。そうです、そのとおり。嫉妬ほど扱いにくいものもない。あのシェイクスピアのヒット作「オセロー」でも妻を寝取られたと嫉妬したオセローが美しい無実の妻を殺してしまってあとで後悔します。黒人の自分よりももっとハンサムな白人に妻がなびいていると思って嫉妬したからです。

こんなふうに誰の気持ちの中にも巣食っている、恨めしい、憎らしい、羨ましい、妬ましいという嫉妬の感情。これを乗り越える特効薬をお教えしましょう。

誰にも負けない最高の笑顔で「素敵ね」「素晴らしいですね」と口に出して、その人を称賛することです。相手が褒められて癪《しゃく》に障ると思っているときも、この訓練をやってみましょう。ムッとした顔をする代わりに、本当に喜びや憧れに満ちた顔をして、「本当に素晴らしいですね。今度私も教えてほしい」とはっきり声に出して満面の笑みで言ってみてください。素晴らしい、素敵だと相手の成功を褒めているあなたは、はたから見ても美しい。しかも自分のジェラシーの感情がスーッと消えているのにお気づきでしょう。「素敵ですね」と積極的に褒めていることで、「あの人が妬ましい」というネガティブな感情が後ろに追いやられて、本当にあなたはうれしくなっています。

人の成功に対して無理やり何かを言わなくてはいけない、本当は悔しいのに、と思う暇があったら、「素敵ね。今度やり方を教えて」と一気に最高の笑顔で言ってみてください。その瞬間にあなたは、負け組から勝ち組に自分が移っていることがわかるはずです。

相手を褒めたくない、自分のほうが優れているのに、という感情には、やりきれない不満があります。でも、「なんて素敵なんでしょう。私も教えてほしい」と積極的に言っていると、そこで不満感情が消えていくのです。本当に目の前にいる人は素晴らしいと本心から思えてくる。

さらに、成功した人に、「素晴らしい」「素敵だ」「やり方を教えてほしい」と言っていれば、褒められた人も、なんだか努力が報われた気がして、あなたを好きになります。人の成功を羨ましがる暇があったら、「素敵ね」「すごいね」と連発してみましょう。

10.「ありがとう」を1日に何回言っていますか？

欧米などで食事をすると、チップという制度があります。そこで、おいしかったり、店員がとくに親切にしてくれたとき、私たちはテーブルの上にチップを置きます。会計のときにレジに置くこともあります。いずれにしても感謝の印を何がしかのお金という目に見えるチップというものに換えて手渡している。そうするためには、これはどれぐらい感謝しているのか考えてから金額を決めることになります。まったくひどいお店で何の感謝も持てなければ、チップを置かなければいい。料理の味もよく、お店もきれいで親切で、本当にチップをたくさん渡したいと思えば、食べたものの半額もチップを置くことがある。それは、「ありがとう」をチップという形に換えるために私たちが敏感になっているからです。「ありがとう」という言葉を集めるということも同じでしょう。

でも、チップがない私たちの国で、「ありがとう」はどう表したらよいのでしょうか？ 私は、一日に何回「ありがとう」という言葉を口に出したかで、その人のハッピー度合いが決まると常に思っています。

日本人の不思議な癖で、つい「すみません」という言葉と「ありがとう」をごちゃ混ぜにします。席を譲ってもらったら、「ありがとう」と言えばいいのに、つい「すみません」と言う。これを英語に直訳すれば、どんなに奇妙かわかります。「すみません」や「ごめんなさい」はI am sorry.です。「ありがとう」はThank you.あるいはI appreciate you.「あなたに感謝します」。I am sorry.は謝罪で、Thank you.は感謝です。「すみません」という言葉はなんだか便利で、お礼に使ったり、お詫びに使ったり、ごちゃ混ぜに使っている。

感謝するときは、「すみません」ではなく「ありがとう」と言ってみませんか。言葉に出す自分も、聞いた人も愉快です。謝られるより、感謝されたほうがうれしいものです。「ありがとう」のチャンスを探してでも「ありがとう」を言いましょう。絶対あなたとあなたの周りがハッピーになります。電車でちょっと肩が触れたとき、相手がよけてくれたら、「ごめんなさい」ではなくて「ありがとう」。明日からやってみませんか。

11. あなたの行くところすべてがポータブルステージで、あなたは主人公

人生の主体性を握っているのはあなたで、表現主権はあなたにあると書いてきました。ところで、行く先々がその人を囲む舞台だと、どんなことが起きるでしょうか。

後ろからあなたを見る人もいるということです。

先日、電車に乗ったら、向こう側の座席の前に立っている男性が後ろに手を回して、お尻をポリポリかきました。後ろから見ている私には、ラッシュではない電車の中だったし、それがすごく目に付きました。そして、思ったのです。惜しいなあ、自分の行くところすべてがポータブルステージなのに、と。さすがに頭のてっぺんから足の裏まで見る人は少ないにしても、四方八方、三六〇度から、私たちは誰かに見られています。一人でも観客がいる以上、あなたは立派な俳優さん。くれぐれも背中や側面にまで気を配りましょう。舞台の演劇場面と違い、あなたは背中からもウォッチされています。


舞台の演劇を見ていると、悲劇にせよ喜劇にせよ、ちゃんと脚本家によってあらかじめ設定されています。よく大根役者などと言いますが、設定されているところで失敗するなんて確かに大根でしょう。

日常の舞台はもっと難しい。あなたを中心として、周りの状況は刻々と変化します。

目の前に来た人は深い悲しみに打ちひしがれているときもあれば、「やったー」「うれしいな」と喜びの気持ちでいっぱいのときもあります。それに対してあなたは即断即決でベストの反応を返していかないといけない。大根どころではない、名演技が求められます。

最近AI研究が進んで「AIには感情表現ができるか？」というテーマで、いくつかの論文が発表されました。北海道大学の教授など、複数の人たちの発表で「AIはどんなに進化しても、目の前の人の感情に合わせた微細な感情表現はできない」という結論が示されています。やっぱり人間は素晴らしい俳優なのでしょう。そうならば喜怒哀楽ぐらいきちんと表現しましょう。

深い悲しみの話には「ドンマイ」などとさっさと言わず、ひと呼吸置いてから「わかるわ」の一言をどうぞ。これが一番伝わります。

喜んでいる人には、顔中くちゃくちゃにして時には飛び上がったり握手したりして全身で喜んであげましょう。喜怒哀楽の場面でちっとも顔が変わらない人を「能面みたい」などと言いますが、それは能面に失礼というもの。木彫りのお面は、自分が表情を変えたくたって変えることができないのですから。だから、それを付けている役者が、さまざまな動作で、まるで能面が感情を表現して変わっているように、観客に感じさせます。あなたは能面よりはるかに有利です。三十前後の表情筋は全部自由に動くのですから。顔中で喜怒哀楽を表現し、全身でもそれをフォローして、すべてのポータブルステージで名俳優になりましょう。それがよい人間関係を作っていくためのコミュニケーションの一番のコツです。

12. 変えてほしいことは「全体肯定、部分否定」に置き換えると通じる

新人などは一発でこちらが望む仕事ができることは少ない、いや、稀と言ってもいいでしょう。ベテランから見たら、どこかしら欠けているところがある。そこでつい、「ここ違うでしょう?」「もっと注意を払って」と文句をつけます。これだと相手は、叱られたという受け止め方をします。

「まずそれよりも素晴らしい」「よくできている」「感動した」「想定外にいい」など

と全体をたっぷり肯定しましょう。相手の承認欲求が満たされてうれしくなったところで、部分否定をそろりそろりと出していくのです。「全体は素晴らしい。そして(and)、予算のことだけもうちょっと詳しく書いてほしいな」という具合です。十分褒められたあとなので、そして予算だけ直すというならお安い御用だと相手は言うことを聞いてくれます。この全体肯定、部分否定の仕方を「アサーティブネス」と呼びます。まず相手のことを受け止めて評価し、高い位置に持ち上げてその態度は変えずに、「あなたは素晴らしい。そして私もまた、言いたいことがある」というスタンスをとるのです。前半と後半は違うことを言うのだから、普通はあいだに入る接続詞は「しかし」とか「でも」(but)です。けれど、否定の接続詞が出た途端に相手は身構えるので、これは使わないでおきましょう。

褒めもしないでいきなり部分否定から入ると、なかなか効果が出ない。それどころか、人によっては全体否定から入ってしまう。これは最悪です。「何をのろまなことやってんだい」「きみはどこに目をつけているんだ」「分からず屋だね」というふうにまず全体を否定してしまうと、相手はその先の話を聞く気を失います。そこへ「これを改善してよ」と言えば、否定が続いているので、「きみは能力不足でのろまだ」、さらに「これも直せ」と言ったように聞こえます。

自分に言いたいことがあるときは尚のこと、相手に自分の提案をしっかり聞いてもらうための土壌作り、準備が必要です。

13. 強い心を育てる、ストレス耐性はこんなにシンプル

同じストレスが降ってきても、「なんのこれしき」と立ち向かっていく人と、ぺちゃんこになって「もう会社を休みたい」という人がいます。

私たちの心に重しをかけてくる材料を「ストレッサー」と呼びます。昔、ストレス研究が開始された時代、生物学者のハンス・セリエがその走りで、ストレスを全部「生理的ストレス」として分類しました。異常に寒いとか暑い、うるさいなどがそれです。確かにこれはストレスです。

ところが、だんだん研究者たちが、生理的ストレスだけじゃない、私たちは心理的

ストレスでやられてしまうということに関心を向け始めました。恋人が死んでしまった。親に叱られた。毎日会う上司にバカにされた。こんな心理的なことがストレッサーとなって、私たちの心に重しをかけてきます。そのとき、重しに耐えかねて心身共にペースを崩してしまう人がいます。不眠症になったり、ドカ食いをしたり、下痢をしたり、胃が痛くなったり、などです。

けれど、同じストレッサーが降ってきても、「ああ、いいですよ、それならば、この対抗策でいきます」というふうに平気な人がいます。このような人を、「ストレス耐性が高い人」といいます。ストレス耐性は英語でHardinessという項目で、ここ数年、心理学分野ではたくさんの研究論文が出ています。そこでわかったのが、ストレスにも善玉と悪玉があるということ。つまり同じストレッサーが降ってきても、ある人にとってはプラスに働き、ある人はそれでつぶされる。プラスに働いているのが善玉、人間が押しつぶされてしまうのが悪玉ストレス。

さあ、わかりやすい例を一つどうぞ。あなたは英語が得意です。誰かに聞いてもらいたくてたまらない。そうしたら、ちょうど上司から、「明日、外国人も来る会議だから、きみ、英語でプレゼンしてね」。あなたはルンルンとうれしいでしょう。やった、私の英語力をみんなに認めてもらうチャンスだわ、準備頑張ろう、と。

ところが、もしもあなたが英語が大嫌いで、英文を見ただけでも気持ち悪いなどという人だったら、「明日、外国人が来るから、きみ、英語でプレゼンしてね」と言われたら、どうなりますか。眠れない。胃が痛くなる。落ち着かなくていろいろな人に電話をかけまくる。できたら逃げたいと思い、「英語のプレゼン、私じゃなくていいですか」などとメールも出してしまう。こんな人は「ストレス耐性が低い」といいます。

Hardinessは三つのCで成り立っています。①Commitment（関与）②Control（統制）③Challenge（挑戦）です。何かに挑戦しようと思い（チャレンジ）、自分に起きていることは自分に関係があることだと思う（コミットメント）。やらされているのではなく自分で進んでやっていると思う（コントロール）。関与、統制、挑戦、これらの三つのCが高い人は、同じストレッサーが降ってきても平気でいられる人です。

例えば犬が大嫌いなあなたと犬が大好きな友達がいます。ちょうど別の友達も犬が好きで、二人で犬の話で盛り上がっている。そばにいるあなたは気分が落ち着かなくなった。早くここから抜け出したい。ソワソワしたり時計を見たり。そうなると、犬の話はあなたにとってストレッサーです。「あっしには関係ないことでござんす」、つまりCommitmentが感じられない。

「新しく犬の話を理解しようなんてとんでもない。私は猫ちゃんファンよ」と思えば、ここには挑戦がない。「なんでこんな話聞かされてんのよ」と思えば、統制されているという感じ。

Hardinessを高くしようと思ったら、たくさんのことに関心を持ち（Commitment）、やらされていると思うのではなく、自分から選択してやっているのだ（Control）と思い、やったことはないけどやってみよう、成功したらうれしいな（Challenge）と思いましょう。三つのCを持てば、あなたはいつの間にかストレスを乗り越えています。

第5章

マインドフルに、今ここにいることを喜ぼう 貢献は最強最高ゴール

1. 今ここにいることを心いっぱい喜ぼう

今の状態に対して不満を言ったり不平に思ったりするのは、人間の悪い癖のようです。例えば、「もしもこの会社じゃなくて別の会社だったら、もっとよかったかもしれない」とか、「この彼じゃなくて、ほかの彼と付き合っていたら、もっとゴージャスだったかも」というふうに、実際に今いる状態を喜べず、不平や不満の種を探して何かケチをつける。どうもこんな癖が人間にはあるようです。そんな、いってみれば粗探しのような行動をすると、どうしても今の状態に対して「なんて最高なんだろう」「感謝に堪えない」と思うことができなくなります。

これについて不平不満の強烈な表現は、アメリカの妻たちの群像として演劇の中にはよく出てきます。その群像についているあだ名はnagging woman、「不平不満を言う女たち」という括り方です。

例えば真面目な夫がいても、「あなたの稼ぎが足りないから、私は常にリッチな生活ができない」と不平を言ったり、「隣の旦那さんはもっと偉くなっているのに、私はどうも肩身が狭い」と責めたりするのですが、nagというレベルになると、ブツブツと長期的に、しかも強い非難力をもって相手を攻撃することを意味します。そんなふうにガンガン、あるいはブツブツでも長期的に文句を言われれば、当然相手はへこみます。そこで、アメリカのnagging womanの妻を持った夫たちは、結核になったりノイローゼになったりするというくつかの劇があり、それを私が研究論文にしたのでした。

そんなふうに不平や不満を言ったり、粗探しをしていれば、どうしたって今の状態を喜ぶことはできません。それは誰にとって最も損失か。自分なのです。脳のミラーニューロンの最近の研究について前の章で述べましたが、脳は喜びたいと思っている。喜びの感情が来ることがうれしい。喜びの表情を見ることがうれしい。大脳自体にそんな傾向がある。そして、喜んでルンルンといろいろなことをやるから、脳からドーパミンが分泌され、ますます成績も上がっていく。行動はきびきびとメリハリがついて速くなっていく。結局、不満を考えるよりも、今の瞬間を一〇〇パーセント喜ぶことが自分自身に最もメリットがあるということです。

自分が浅はかだったからだと自分を責めていると、どんどん自分の価値が下がっていくような気がします。そして、「私は結局、ついていないんです」とか、「私、バカなんです」という言い方で終わります。これを「自己卑下的自己呈示」と言います。自分を実際以上に低く見せて、相手に「そんなことはないわよ」と言ってほしい。そんな気持ちもわからないではないのですが、過去を数えて自分を責め続けると、その分、現在の自分にエネルギーが集中できません。

「To err is human, to forgive is divine.「過《あやま》つは人のわざ、許すは神のわざ」という英語の諺があります。過ちを犯すのは人間の常であって、許すということは神様がなさる、それぐらい高級なことであるというのです。

過ちを犯すのが普通の人間ですから、違ったことを言ったりやったりしてしまったのは仕方がないではありませんか。私だって数え上げられないくらい、言ってはいけないことを言ったり、やってはいけないことをしてきました。ごめんなさいのタイミングが合わず、相手を深く傷つけて別れに至ったり、いろいろなしっぺ返し、あるいは償いもしてきました。けれど、失敗を経験してほかの人に対して優しくなったことは確かです。

2. 今していることに意識を集中してみよう

今していることに意識を集中する。この心の動きを「マインドフルネス」と呼ぶと述べました。禅の思想と似ていますが、心理学では、マインドフルネスは一つの分野になっています。もしも手紙を書いているならば、手紙を書くということだけに意識を集中する。食事をしているならば、味わうということだけに意識を集中する。握手をするならば、目の前の人だけに意識を集中して、「次の人と握手をしよう」と前の人の手を握っているうちに考えない。

私はよく政治家の自己表現分析をテレビ取材で頼まれますが、人気のない政治家ほど、一人の人と握手しながら隣の人をチラ見します。「早く次の人と握手しなくちゃ」と思うのでしょう。そういう心の落ち着きのなさが、握手をしている有権者にちゃんと伝わるから不思議です。

今の自分自身のしていることに意識が集中できる。それはスポーツ選手などではすぐにスコアでわかりますが、私たちのような普通の毎日を送っている人でも、意識が集中できているのか、上の空で仕事をしているのかぐらいはよく見ればわかります。同僚や部下を見てください。何か仕事をしているけれど、実は仕事が終わってからのデートのことを考えている、そんなのはすぐにわかりますね。上司のことも見てください。「こういうことはしっかりやらなくちゃいけない」と指導しているけれども、この部下がダメだったら誰がいいのかなとふと思った、そんなことは視線の方向やまばたきですぐにわかることです。

「今目の前のことに意識を集中できるか」というのは、「よい人生を送ることができるか」という問いに対する答えとイコールだと私は思います。それなのに、なぜ意識を集中できないのか。そこには私たちの「不安」という心理現象があります。不安についてたくさんの研究や著書を残したのは、『不安のしずめ方』（ＰＨＰ研究所）など「不安」という言葉がタイトルの中にいっぱい出てくる、早稲田大学名誉教授でハーバード大学でも研究員をしていた加藤諦三先生です。彼の研究によると、人間は不安の種を探してでも不安になりたがる動物だというのです。何か持っている人は、「これがなくなったらどうしよう」と不安になり、持っていない人は、「自分は何も持っていない。いつ持てるのだろう。一生持てないかもしれない」と不安になる。そんな不安が次々と心に浮かぶので、どうしても今していることに意識が集中できない。それが人間の常だというのです。

今そうではないけれど、もしもこのようになったらどうしようと悪い場面を想像しては不安になりたがる、それを「予期不安」「期待不安（expected anxiety）」と呼びます。これがあると、どうしても今していることに意識が集中できません。

私は下手なくせに書を書きます。大きな字を書いているとき、意識を集中させずに書いていると、ふっと線が曲がります。その曲がった線が全体の美しさを壊してしまう。だから、筆を握ったら最後、意識を集中しないと大変なことになるのです。講演中だってそうです。自分の話していることに意識を集中しないと、「この話でよかったっけ」などと一瞬でも思おうものなら、ストーリーを見失って迷子になる。今していることに意識を集中できるかできないか、それはどんな事柄であれ、成功するかしないかの運命を分けます。

マインドフルであること、つまり今の瞬間に全神経、全エネルギーを集中できること、これは人生を強く生きていくために女でも男でも絶対必要です。とくに女性の場合は、今までの日本の習慣の中で、今やっていることや言ったことが相手にどう思われるかしらとつい思ってしまう。これこそ予期不安、期待不安であり、余計なお世話というものです。今していることに意識が集中できれば、それが美しい、それが最高なのです。自分にそう言い聞かせてあげましょう。

3.「三つの貢献」の三番目に目を輝かせた学生たち

とても面白いことがありました。ハリウッド大学院大学という大学院の教授として、美容系の経営者になろうと思っている学生たちに話をしたときのことです。「あなたたちは『美の天使』というこの学校のモットーのように、目の前の多くの女性たち、あるいは男性たちを美しくすることに貢献しているのですよ。これを相手への貢献と呼びます。そして、美しい人がいっぱい社会に溢れていくこと、それは社会貢献でもある。本当に素敵な仕事ですね」と言ったのです。そのときに、学生たちは「はい、わかりました」とは言ったけれど、パッと顔を輝かせたというわけにはいきませんでした。

ところが、三つ目の貢献として、「その仕事を通してあなた自身も美しくなる。つまり、あなたという人に一番貢献したことになるの」、そう言ったときに、周りにいた学生たちも、そうなんだと顔を見合わせ、いかにもうれしそうでした。

その仕事をしたら自分にどんなメリットがあるのか、この考え方は美容に限らず、あらゆることに言えそうです。

例えば、自動車業界では、そのキャンペーン中に車が何台売れるかは大いに重要なことです。それで、パンフレットにも販売店の看板にも、「エコカーキャンペーン中」とか、「二〇周年キャンペーン中」とか、「新車○○キャンペーン中」と大きく掲げたり、ホームページで知らせたりします。

そのときに間違いなく書いてあるのは、例えば「節税になります」とか、「資源を汚さない」「環境維持に貢献しています」などという、何かいいことをあなたがしているという方向の事柄です。つまりセールスでは、あなたへの貢献とあなたの購入を通して社会に貢献しているということを謳《うた》うことが多いのです。エコカーをみんなが持ったことで地球環境保護に貢献するとなれば、これは地球環境に優しいという大きなビジョンになります。ビジョンがあり、貢献がある言葉は、何かを売っていくにはピッタリなのです。

うまい話を聞いたら、どちらに貢献しているのか、まず考えましょう。言っている本人なのか、聞いているあなたになのか。あなたに貢献があるとわかったときに動けばいいのです。「相手に貢献」「社会に貢献」といえば確かにそのとおり。しかし、「自分に貢献」という言葉も覚えておきましょう。

そして、あなたへの貢献がいくつか重なったときに、大きく社会に貢献すると思ったら、もう迷うことはないですね。何でも買ったり寄付したり、やればよろしい。それが後悔しないコツです。

4.「泣く者と共に泣け、笑う者と共に笑え」聖書の貢献の真実

マインドフルに自分自身の価値を認めて生きていく、その一番の近道は自分の人生が誰かに貢献していると思えることです。そうすると元気が出てきますから。けれど、笑ったり、いい言葉をかけたりするという、前項で述べたことすらできない。だったら、どうしたらいいのでしょう。

例えばあなたに、「とってもつらいことがあったの」と、失業してしまったこと、失恋したことなどを話す人がいるとしましょう。あるいは、「一生懸命やったら宅建の資格が取れたの」とか、「一番行きたかったニューヨーク出張が手に入った」などと大笑いで喜ぶ人もいるでしょう。そのときに、何かあげたくてもあげるものがない。

心配は要りません。そこであなたがあげられる最大のものは、共感（empathy）という表現です。それを行動で表すとどうなるか。「そのとおり、そのとおり」と言うだけでなく、言葉ではない「非言語」でもそれを表現しましょう。泣く人がいたら一

緒に泣いて、笑う人がいたら一緒に笑う。もちろん、泣くには悲しい気持ちにならないと泣けません。笑うには楽しい気持ちにならないと笑えません。だから、これをカウンセリング学や心理学で共感（empathy）と呼ぶわけです。目の前の人の波長に入っていくことを共感するといいます。

私たちが生きていくときに最も力強く感じることは、誰が反対しようが、私には共感者がいる、これからずいぶん難しいことをやり遂げようと思っているのだけれど、それには共感者がいる。そう思えることではありませんか。具体的に一万円くれるとか一千万円出してくれるという行動もとても助かります。でも、同じ感情になって気持ちを分け合ってくれる人がいる、これはとても心強いことです。

しかも、笑っているときに笑ってくれるのはもちろんうれしいのですが、もっともっと本当にうれしいのは、泣きたいときに「泣く者と共に泣け」をやってくれる人。自分がどん底にあり、失望しているとき、「大変だったね」と何かを差し出してくれるのは当然助かります。けれど、同じ気持ちになって、「悲しかったんだ」と言ってポロッと涙を一つこぼしてくれたら、それだけで報われた気持ちになる。共感を行動で示しましょう。必ず相手の心に届きます。

5. 何かを手放すと何かが満たされる

よく「天は二物を与えず」と言います。多くの人が、誰か自分以外の特定の人が何もかもを手に入れることを好ましく思いません。ジェラシー（嫉妬）という感情もそこから発生し、男同士だって女同士だって男女のあいだだって、仕事や人間関係がジェラシーによって壊れることはたくさんあります。

そんな人間の原理原則を神様はご存知なのでしょうか。何か大きなものを手に入れるときに、何か別のものを手放すことがよくあります。私もそうでした。一番はっきりわかったのは、二〇年にわたる結婚生活というものでした。二十二歳で結婚し、二十四歳で出産、そして結婚二〇年を迎えた四十二歳の春、一人娘は私立K大学の合格通知を手に入れました。娘が大学合格通知を手に入れた日に私は離婚を申し出ようとその半年前から決心していました。

夫のどこが悪いというのではない。結婚生活二〇年間、妻として母として完璧とは言えないけれど、ベストは尽くした。眠る時間を惜しんで炊事をし、掃除をし、いい妻を演じ切ってヘトヘトに疲れて、過労でぶっ倒れ、ちょうど実家に帰った日だったので、その日から四十日間点滴を打ってもらって寝ていたこともある。それぐらい必死で貫いた、「愛して学んで仕事して」の二〇年間。でも、これ以上我慢したら健康を手放すしかないとはっきり気づいたのは、四十二歳の誕生日を迎えたときでした。もう十分やった。このあと、娘の大学合格通知が来たら、離婚を申し出よう。それは揺るぎもない決心でした。

夫はさぞかしビックリしたことでしょう。「何が理由だ」と強く問い返され、結局、「私は仕事をしたい。喜んで仕事をさせてもらえる環境にないと、自分の健康に自信がなくなった。やり直すなら、今よりあとでは手遅れになる」とやっとのことで言いました。

結局、弁護士も入り、離婚は成立。四十二歳、妻という役柄を降りて、誰をも自由に愛し、仕事をする人生の始まり。大学一年生の娘に対しては四年生になるまで一人が交代で毎年の授業料を払うという形ですべて決着。そのとき、すでに私は夫と同等の収入を得ていたので、経済的不安は一切なし。すがすがしい離婚でした。佐藤という名字ですでに五十冊以上の著作物が出てマスコミにも名前が知れているので、名字は佐藤という名字を再登録する。そんなこととの一切合切が決まり、結婚を手放した瞬間に私は自由を得て、翌年、株式会社創立。さらにその翌年に、国際パフォーマンス学会創立。そして、学会を母体として一九九七年、一般社団法人パフォーマンス教育協会を文部省の認可によって設立することができました。

何かを手放したら、何かが入ってくる。昔、禅のお坊さんに言われたことがあったっけ。「手のひらの中に大事なものをギュッと握りしめてごらん。中にあるものは外に逃げないけど、その手を開かないと次のものは入ってこないでしょう」。禅寺だけあって意味深なことを言うものだと当時は感心して聞いていましたが、それがまさにこれでしょう。何かを手放すと何かが満たされるのが人間の運命のようです。

もちろんそれには、手放すことについて真剣に考え、後悔しないというルール付きです。手放してからウジウジと文句を言っているようならば、手放さないほうがよろしい。私の本の読者やセミナーの受講生から、「主人とのあいだに愛情は一切ないのです。別に女性もいるらしい。でも、今離婚すると収入の当てがないので、やむなく同じ屋根の下にいます。本当は離婚したいのですが……」という話をもう何十人も聞いてきました。

本当にそれだけ真剣に思うならば、どうやってでも収入を得る道を、ほんの一歩でも踏み出したらいい。本気でそう思う女性であれば、私だって、何かの手助けを必ずしますとも。

6．五十四歳で博士号の天国と地獄

世の中の通例では、二十二歳で大学を卒業して大学院に入れば、修士二年、博士三年、順当にいけば二十七歳で博士号が取れます。

私の心理学領域での博士号取得は五十四歳でした。パフォーマンス学で誰かに博士号を出して、パフォーマンス学の研究者仲間を広げたい。それには自分が博士号を取ることだ。でも、私は、修士は上智大学で一本目、ニューヨーク大学で二本目のマスターを取っているけれども、博士課程修了だけで大学の教員として就職してしまったので、博士号を取っていない。では、パフォーマンス学で論文を書いて心理学領域のある大学院から博士号を出してもらおう。そう思ったところまでは、まっしぐら。

でも、博士号を取るとなれば大問題。まず、指導教授探しで立正大学のM先生にお願いしました。それから明けても暮れても実験プランを練り、実際にその実験をやってみてデータを取り、それをコツコツ論文内容として積み上げていく。そんなことを繰り返すのには、何といっても時間が必要。でも、当時、私は実践女子大教授で授業も持っている。教授会もある。株式会社を持ち、社団法人も経営している。さあ、虫眼鏡で探すように時間を探しても、博士論文を執筆する時間がない。でも、なんとかしたいと、絶対に諦められない夢ですから時間を捻り出しました。夜中です。毎晩二時までは書斎にこもり、論文執筆をし、統計などで時間的に間に合わないものは統計の専門家に依頼して、どんどん論文を積み上げ、ついに五年がかりで三百枚、三十万文字の論文を完成。

「やった」とうれしかったのですが、ここでもまた何かを手放すことになってしまいました。四十二歳で離婚した私を、本当に自分の生活を犠牲にしてまで支えてくれた開業医の歯科医Fさんがいました。彼には三人の小さな子どもがいて、当然、妻もいます。ある大使館のパーティで初対面だった私に、「一緒に世界一周の船に乗りませんか」と声をかけてきたのは彼です。「何をおふざけになっているの？　どう見てもあなたは独身の年齢ではないでしょう」。聞くと彼は私よりも三歳年下の三十九歳でした。「あまり人をバカにしたことを言わないで。やっと二〇年間の結婚生活に終止符を打って仕事に打ち込んでいるのに、さらにまたほかの男性に束縛される気はないわ」とそのときはっきり言いました。

でも、彼はスマイルの研究もしていて、数日後にたくさんの貴重なスマイルの資料を届けてくれました。ビックリするぐらい私の欲しいものが揃っていたのです。お礼の手紙を書きました。そんなやりとりの中で、彼が世界一周の船に乗ろうと言ったことが本気だったことも判明。私の知らない間に、彼は離婚届けを提出していたのでした。

そこからが地獄です。一体どこまで彼を私の人生に巻き込むことになるのか。悩んでも答えが出ない日々の中で、好きか嫌いかといえば、もちろん大好き。けれど、実践女子大の教授でもあり、パフォーマンス学の日本の創始者として無様なことはしたくない。そんな思いで、悩む中で、結局、論文執筆に無理やりに集中したのです。指導教授が周りの教授に気兼ねし過ぎたこともあって、論文の受理は二年延ばされて、四十九歳から書き始めた博士論文は、五十四歳で授与式が行われることになりました。

立正大学の講堂には一〇〇〇人のさまざまな参加者が集い、仏教の大学なので袈裟《けさ》を掛けたお坊さんも何人かいました。

運の悪いことにその直前の三月七日に母が一切の食欲をなくし、全身チューブだらけになって、「死にたい」としか言わなくなって急逝しました。さらにその直前の、二月一四日、Fさんはもう心身共にボロボロに疲れて、「僕はもうきみを支えることができない」という文言を口で言えずに、バラバラに葉っぱが散ったようなひどい文字を紙に書いて、マンションの玄関に現れたのです。幽霊かと思ったぐらい、やつれていました。「バーンアウト（燃え尽き症候群）」でした。その紙を私に渡したまま、彼はどこかに消えてしまいました。「きみに迷惑をかけられない」という最後の一行がナイフのようにグサリと胸を抉《えぐ》って、それでも博士号の祝賀会の準備は進み、母の葬儀は長女である私が喪主として進めていかないといけない。祝賀会と葬儀と愛する人の喪失と、三つ巴《どもえ》にやって来た。

その中での博士号授与は、めでたいというか、めでたくないというか、悲しいというか、うれしいというか、駆けつけた妹の顔を見れば、これもまた泣いているのか笑っているのかよくわからない。二人でぐちゃぐちゃになって、「よかったね」と言ったり、「残念だったね」と言ったり、強力な悲しみと強力な喜びが一気に降ってきた、二〇〇一年、五十四歳の博士号授与だったのです。

息をするのが苦しくなり、その日から私はパニック障害になりました。病院に担ぎ込まれ、点滴を受け、軽い睡眠剤が入っていたのでしょう、二十四時間眠り通して、目が覚めたら、病室に娘が駆けつけて涙をこぼしていました。「ママ、どうなっちゃったの?」。親友のマサオちゃんこと、内海正夫さんがずっとついていてくれたらしくて、「綾子さん、生きていかなきゃダメだよ」と言っていました。実践女子大の教授なのに、入学式を欠席し、授業の日だけはなんとかフラフラと出ていく日々が続き、腕には点滴の針が刺しっぱなし。授業が終われば、そのまま病院に行くという日々が続きました。

そんな中で人生大逆転がまた起きた。七月一五日、近所に住む宮坂雅夫さんがあまりにも熱心に、「僕の行っている教会に行こう」と誘いに来てくれるので、たまには行かないと悪いかなと、車に乗せられてふらりと世田谷区桜新町の世田谷中央教会へ。なんとここでの牧師の説教が、今思えば聖書の「マタイ伝」あたりで、離婚した女はけしからんというようなことを言っていたではありませんか。嫌々座っていたら、ふと、「八月一七日に長野県の松原湖で一泊のバイブルキャンプをやります。申し込む人は、前にある申込用紙に名前を書いてください」と誰かが言ったではありませんか。

ピクンと神経が反応しました。松原湖？　大学時代に行った、ちっぽけな人造湖。あそこは何も美しいことなんてありゃしない。でも、行ってみようかな。これが何の働きかいまだにわからないのですが、私はフラフラと前に行き、まだほとんど誰も名前を書いていない中で自分の名前を書き、結局、松原湖に行ったのです。

八月一七日に一泊。一八日の朝五時、ふと目が覚めて、松原湖の水際までトボトボと歩いていきました。前日に牧師先生から聞いた話の中にイエス・キリストの十字架の話があったっけ。そう思いながら水際まで来て、ふと湖面を見ると、「あれ？」と息を呑んだ。なんと、あたり一面がパッと白く輝いたのです。そして、次の瞬間、得も言われぬ幸福な気分になり、「私は許されて生きている。私は生きていていい。人の役に立つ人生を生き直そう」と突然にエネルギーが湧いてきました。

あとで心理学の研究書をさまざま読んでいくと、これが「ピークエクスペリエンス」。「至高体験」と呼ばれたり、マインドフルネスという心理部門の研究者や医師によれば、「ピークモーメント」とも呼ばれる瞬間。「生命と意識が一体化する瞬間で、他者と自分を隔てる溝が閉じて、苦悩が消失し、満足感も不満感もすべて超越した無我の状態」と書かれています。仏教の悟りに似ているとも。体と心と頭が一つになる一瞬。

のちに日頃からいろいろ教えて頂いていた故・日野原重明先生に聞いたら、「ボディ、マインド、スピリットが一体になる瞬間で、全員がそれを味わえるとは限らない。でも、ただならぬ苦悩を乗り越えたときに、そんなふうに感じる人が何人かいますよ」と教えてくれました。まさにこれが私のピークモーメントだったのです。

ぬぐってもぬぐっても、とめどなく涙が溢れ、「神様、生きていていいのですね。私はクリスチャンとして五十四歳からあとの人生を生き直します」と声に出して言いました。そこへ、二段ベッドの上の段に寝ていた牧師夫人、安藤啓子さんが走ってきました。朝五時だというのに、起きたら下の段に寝ていた綾子さんがいない。さては湖に飛び込んだ、と彼女は思ったというのです。来てみたら、泣いたり笑ったりしている私がいる。

「どうしたの？」

「私、クリスチャンになります。そして、みんなの役に立つ仕事を今まで以上にやります」

すると、ご自身で「ネアカの能天気」と言っている啓子先生が、「綾子さん、家を建ててよ。みんなで使える家よ。その家の名前は『優&愛』がいい。駅に近くて、誰でも入れる家。You & I、あなたと私、優しさと愛。素敵、素敵」と、彼女はもうすっかり土地を買って家を建てている気分です。「はい、わかりました。やります」と、これまたそれがどうなるか、その先のことを何も考えず、私はその日、彼女に小さなビルをつくることを約束したのです。これがのちに、『はじまりの家』（NTT出版）という本で書くわが家の誕生です。

人の成功は誰でも、棚から牡丹餅、ラッキー、幸運に見えます。人間の浅ましいところです。アカデミー賞を獲る女優だって、経営者として世界的に有名な女性だって、みんな陰で苦い涙をバケツ一杯分、飲んだりかぶったりしてきたのです。ただ、欲しいものを手に入れたときに、それを一切見せず、にっこり微笑んで見せているだけ。これが、たくさんの働く女性仲間のやり方です。笑顔に騙されて、「ラッキーね」などと言う人は、頭が相当おめでたいか、あるいは想像力が欠如しているのでしょう。

7. 判断力を磨く三つのヒント

女性だから判断力が男性より劣ると思っている男性は、世の中にはまだたくさんいます。おじ様たちが会社に電話をして、「なんだ、女の子しかいないのかい？　上司を出しな」と言ったのも、そう古い話ではない。「ガラスの天井＝グラスシーリング」という言葉はアメリカで誕生した言葉だけれど、日本にだって、女性だから軽く見られるという風潮は現在もあるのです。今年の国際婦人デー「＃わたしを勝手に決めないで」というワードも、そんな男性たちへの抗議に違いない。

けれど、いざ、ここで判断を下さなければならないというときに、女性の中には、「ちょっと上司に聞いてから」とか、「主人に聞いてから」と言う人がまだいます。大概の「主人に聞いてから」は単なる口実で、その奥さんは旦那さんになど絶対聞かないのでご心配なく。

けれど、「上司に聞いてきます」は意外と本当です。大きな判断を自分でするときに、ちょっと自信がなかったり、前に判断ミスを犯した失敗が頭によぎって、また次、失敗したら困るという心配が先に立つ。これを心理学では、先の述べたとおり「予期不安」「期待不安」と呼びます。なんだか不安を期待しているように見える単語ですが、そうではなく、「やったらきっと失敗する」と悪魔の声がささやいて、次の行動ができなくなる心の動きです。判断力が鈍るのはまさにそんなときで、この判断をしたら何か間違ってしまうのではないかと、ふと不安がよぎる。それは男性だって同じこと。優れた経営者は、何度かそんな場面を経験しながら、判断力を磨いてきたに過ぎないのです。

そこで、日頃から判断基準を持っておくと、ちょっと気が楽になります。あなたに当てはまればいいなと思いつつ、私の判断基準三点をどうぞ。

①それは「大善」か＝貢献か

②先着優先

③目の前の人に寄り添う

さあ、簡単に説明しましょう。「大善」とは、紀元前四世紀、ギリシャの哲学者アリストテレスが『弁論術』で使った言葉です。すべての人間は幸福を欲している。幸福とは何か。万人に善きもの。万人に善きものを大善と呼んだのでした。平たく言えば、自分だけでなく相手にも社会にも貢献することです。

大善の条件として最も知られているのは、ギリシャ時代から伝わる「真・善・美」でしょう。真実かどうか、善いことかどうか、美しいかどうか。例えばどんどん木を切って、その木材を輸出して高いお金を儲ける。熱帯の人々は自分の生活にはいいかもしれないけれど、山林は丸裸になってしまう。どうもこれまた地球環境を維持していくためには大善とは言い難い。最近決められたSDGs、Sustainable Development Goals、持続可能な社会の条件がまさに真善美です。迷ったら、これは真か、これは善か、これは美かと心に聞けば、大体答えがわかるでしょう。

次に先着優先。女性同士でどこかに行こうと約束をしておいたのに、彼とのデートが決まると、さっさと先約を断る女性がいます。間違いなくその人は女性同士の友情が育ちません。先に決めたことを優先しましょう。例えば私の場合は、一回五万円で話す公的な講演を引き受けた。その翌日、一回三十万円の講演依頼が来た。なんと講演日はまったく同じ日で同じ時間。そのとき私はどうしたか。答えは簡単。先着優先です。あとから来た仕事がどんなに条件のいいものであっても、ちょっとでもそれよりも前に決めた約束は、もう動かさない。

何かこんな小さな項目を決めておくと、決断するときに迷わなくて済むから便利です。

三つ目、目の前の人に寄り添う。さて、これはどう考えても意味がよくわからないところでしょう。例えば目の前の人が上司に理不尽なことを言われて、「上司にこんなひどいことを言われてしまって、もう会社を辞めようかと思っている」とふさぎ込むことがあります。詳細に聞いてみると、どうも上司のほうが正しくて、嘆いている本人のほうが自己中心的な判断軸でものを言っていて、彼女のほうが間違っていると直感することがあります。そのとき、どう言うか。あなたならどうしますか。「それはあなたの間違いよ。上司が正しいわ」と当然言うでしょう。

真実を告げる立場としてはそのとおりです。でも、対話の中でその一瞬に返す言葉として、それを言わないように私は気をつけています。本人が悔しがっているならば、一瞬は一緒に悔しがってあげよう、本人が喜んでいるならば、それはずいぶん小さなことだと感じても、「すごい」と一緒に喜んであげようと自分を訓練してきました。

そのことが本当に訓練として私に起きたのは、二〇〇一年、私がのちに「失われた二〇〇一年（The lost 2001）」と命名したように、母や恋人を失って、しかも相手にどん底の孤独の思いを与えてしまい、後悔が胸いっぱいに広がったときに、ひと思いに洗礼を受けてクリスチャンになり、最初に開けたページにこんな言葉があったのです。「泣く者と共に泣き、笑う者と共に笑え」。目の前で泣いている人がいたら一緒に泣いてあげて、笑っている人がいたら一緒に笑ってあげなさい、となるでしょうか。心理学的には「共感（empathy）」と呼ばれるこの心の動作。今、目の前に悲しんでいる人がいれば、何よりもそれが励ましになります。あわてて「ドンマイ」と言ったり、「大した問題じゃないよ」と言ってあげる必要はないと思っているのです。

二〇〇一年から一八年間、ずっとこれでやってきて、大体の人は目の前で、ふっと元気を増したように見えました。今後もそうやるでしょう。泣く者と共に泣き、笑う者と共に笑え。簡単に言えば、目の前の人に寄り添うということ。正しいか正しくないか、合憲か違憲か、ルールどおりかルール違反か、それはもちろん大事でしょう。でも、それはあとでいいと思っているのです。

「正しい判断力をつけるにはどうしたらいいですか」とよく聞かれます。正しいかどうかは神様にしかわからない。でも、大善、真善美かどうかは、ちょっと考えればわかる。決めたことを守るには先着優先が第一。目の前の人に振り回されて判断が狂ってはいけない。けれど、目の前の人の感情に寄り添うことは、まずそのときにどうしても必要でしょう。

8. 人の助けをお借りする知恵は、バーターと感謝

一人娘が小さい頃から、この子が六歳になって小学校に入ったら、自分は上智大学大学院に入って大学教授になる勉強をスタートしようと思っていました。けれど、なにしろ夫は勤務医（金無医《きんむい》）、つまり金なし医だから、ベビーシッターを雇うお金がない。そこでまた考えた。考えたらひらめいた。私は英語が教えられる。そうだ、と

いうわけで、知り合いの看護師さんたちが英語を習いたいと言っていたのを思い出し、一人に電話。

「英語を習いたいと言っていたわね」

「はい。でも、あんまりお金がないので、なかなか英語学校に行かれません」

「あら、いいのよ。タダで教えるから、うちまで習いに来ない？」

「え、どういうことですか」

彼女は、夫が勤務する病院のナースですから、その妻の私が英語を教えたいとは、さて何のことかと思ったでしょう。私は一生懸命、三つの中学の英語講師をしていて英検一級と通訳の国家資格も持っていることを説明して信用してもらい、彼女に言いました。

「三人組を作ってちょうだい。そして、三人で英会話を習いに来てちょうだい。テキストは私が作る。授業料は要らない。その代わり、お願いがあるの」

「何ですか？」

「子どものベビーシッターをやってほしい。ナースならば絶対安全だし、私も安心してお願いできるから。一週間に二回、二時間ずつお願いします」

「あら、タダでいいんですか」というので、三人がニコニコとやって来ました。

自宅は病院の同じ敷地内の寮の中にありました。当時はすでにオンボロで、一軒ずつの家にお風呂もない古びた社宅です。それでも、３ＤＫで六畳がリビング、そのリビングの真ん中に机を出し、食事をしたり、食事をしないときは原稿を書く台にしていた私。そこを三人のナースを教える英語教室ということにしました。

パフォーマンス学の原点でもある人間関係作りに役立つ英語を本当に一生懸命、三年間教えました。その三年間に三人は持ち場がいろいろ変わったりしたけれど、それでも娘が三歳になるまで週に二回は、この若くて勉強熱心で真面目な三人のナースが無料でベビーシッターをやってくれました。

人の助けをお借りするときは、お金を払えば貸し借りなし、ドライでいいでしょう。でも、お金がなければ何も助けをお借りできないか。そんなことはないでしょう。「助けてください」と言えば、親切な人は手を貸してくれるでしょう。最近だって見ず知らずの沖縄の高校生が財布をなくして青ざめているときに、サッと六万円を名前も告げず出してあげた埼玉県の医師がいたのですから。

でも、それが毎日六万円となったら嫌でしょう。たまの親切だから、お金を出すのもいい。けれど、継続的に誰かから助けをお借りする場合は、自分のほうも何か返してあげるのが一番いいのです。それがフェアです。

女性雑誌の主催するセミナーの控室で、現在横浜市長の林文子さんと会ったときもそうでした。

「あら、佐藤さん、パフォーマンス学、面白いじゃない？　私の後援会の名誉後援会長になってよ」と林さん。

「いいですよ、私は林さんの大ファンだから。でも、その代わり、私がやっている社団法人パフォーマンス教育協会の理事になってください」

「あら、いいわよ」

こんな具合に、ほとんどの私の人脈はバーターで成り立っています。助けをお借りするときは、何を自分がお貸しすることができるのか、そんなことをふっと考えると、いい関係が続くでしょう。

人間はみんな欲張りです。だから「タダでなんでももらえるものはもらいたい」と思いがちです。でも、もしもギブ&テイクをしたいならば、その方向性としてはまず自分のものをあげる「ギバー」になることから開始！　そうすればもしかしたら何か返ってきてギブ&テイクになる確率は高いのです。

9.「貢献」は身近なところから始めよう

日本は珍しい国と言われています。財布をなくしても六〇パーセントの確率で戻ってくるというのです。

実は私は二回、この経験があります。二回ともなぜか場所は新宿。四〇年前は携帯電話がなく、公衆電話が中心の時代。公衆電話をかけるために、重いハンドバッグを公衆電話の上にポンと置きました。電話の内容は本当に重要なことで、うまくいったので、「よかったー」と思って、直前に買った小田急百貨店の紙袋だけ持って思わず電話ボックスを飛び出してしまった。紙袋の中はスポーツウエアだったから、ずいぶん軽いのです。外に飛び出して十メートルぐらい歩いたでしょうか。「あれ？」と思って、肝心のハンドバッグがないことに気づきました。真っ青になって公衆電話に戻りました。

すると、ちょうど若いカップルが私のバッグを大切そうに持って歩いてくるところだったのです。

「あ、それ、私のです。今、電話ボックスの電話の上に置いてしまった」

「そうなんです。だから、警察にお届けしようと思って持ってきました」

まあ、なんと、感謝感激。「お名前を聞かせてください」と言ったけれど、「いえ、まだ警察に行く前だったのですから」と二人はニコニコ幸せそうな顔をして、サッといなくなってしまいました。きっとどこかに急いでいたのでしょう。後ろ姿に向かって、ありがとうございますと何度かお辞儀をしました。

もう一回はつい最近です。これも新宿駅の駅ナカにあるゴディバのチョコレートショップ。自分のお気に入りの缶入りのミントチョコレートを、自分と大学の同僚のために四缶買いました。そして、当然お金も払ったのです。私のカードケースと名刺ケースは両方カルティエで焦げ茶色のまったく同じ素材のものです。カードケースからＶＩＳＡカードを出して会計をし、そのときに一緒にポロッと出した名刺ケースは、さてどうしたのか？

三日後に名刺ケースがないと気づいて、新宿警察署に電話。どこで落としたのかまったく心当たりがなく、京王線か、山手線か、大江戸線の中なのかわかりません。中に入っているのは私の名刺が三十枚ぐらいと、連絡先が変わったからと言って頂いたばかりの孫正義さんの名刺です。それで一か月経っても出てこない。もうないなと思って諦めて、同じカルティエの名刺ケースを買いました。

ちょうどその一週間後です。新宿警察署から電話があり「名刺ケースが出てきたから本署に取りに来てください」というのです。

「誰が届けてくれたのですか」

「新宿駅構内のゴディバのお店の方ですよ」

「あれまあ」

なくした名刺ケースがちゃんと届いた。カルティエの新品でけっこう高い。でも、届いた。なんてうれしいことだろう。その後、私はその足でフラワーショップに飛び込み、オレンジ色のバラの花束を買いました。

そして、ゴディバのお店にすっ飛んで行き、「すみません、私の名刺ケースを届けてくださった人がいるらしいのです。ありがとうございました」とお礼を言って花束を差し出しました。すると、カウンターで私の話を聞いた人がすぐに奥に行って別の一人を呼んできました。それが届けてくれた方だったのです。

なんとうれしいことでしょうか。名刺入れは買ってしまったのですが、私は本当にうれしくて「日本はいい国だな」と幸せを感じました。「あら、そうですか？　そんなに大げさなことでもないんですけど」と彼女。ほかの店員さんも一緒にみんなハッピーになり、名刺ケース一つで四人の女性が本当にニコニコと、幸せな気持ちをシェアしたのでした。

全財産が入ったハンドバッグは、けっこう大きな落とし物でしょう。でも、傘とか名刺ケースとか小さなものであっても、それが届いたら本当にうれしい。「貢献」という言葉は何か大きなことでなくていいと思います。

仏教ではそのことが「無財の七施」という非常にわかりやすい言葉で経典に書かれています。財産がない人でも七つは施しをすることができる。その中に「和顔愛語《わがんあいご》」があります。にこやかな顔と優しい言葉です。布施《ふせ》というのはもともと、余っているお金をあげることではない。自分にとって最も大切だと思うものを人にあげることです。だから、なけなしのお金をあげるならば、真の意味での布施でしょう。

それはキリスト教でも同じです。「右の頬を打たれたら左をも差し出しなさい。あなたに上着をくださいと言う人がいたら、下着をも差し出しなさい」。

仏教だってキリスト教だって結局、人には何も与えないというケチは推奨されません。あまり難しく考えなくたって、それぐらいはわかるでしょう。しかも、物質的に目に見えるものがなくても、私たちには必ず与えられるものがある。

寄付するもののない人は何を寄付したらいいのか。有形なものとは違って、あなたには人に与えられる「無形資産」があります。

駅前で交通遺児のための募金を呼びかけられたけれど、自分の食費がギリギリで寄付ができないときもあるでしょう。でもニッコリ微笑みかけて「頑張ってくださいね」と言うことはできるでしょう。托鉢《たくはつ》をしているお坊さんがあなたにめがけてチーンと鈴を鳴らした感じがする。そのときに持ち合わせがない。だったら、「お坊様、お疲れ様です」と言えるでしょう。

あなたには必ずあげられるものがあります。優しい笑顔と優しい言葉。こんなふうに考えたら本当に素敵です。常に自分は誰かに与えるものを持ち歩いているわけですから。

10. 誰かに自慢したら、もう「貢献」じゃない

年配の男性がよくこんなことを言います。「彼をあの会社に就職させたのは僕なんだよ」「あのイベントが成功したのは、うちの社がかなり寄付したからね」という言い方です。確かに若者を就職させたり、イベントに寄付をしたりするのはいいことでしょう。だけど、それを聞いたとき、私はちょっと不愉快になります。あなたはどうでしょうか。

よいことをしたということを誰かほかの人に言いたがる。その瞬間に、「よいこと」は「自慢」という別のものになった気がするのです。心理学では「自己高揚的自己呈示」と呼びます。自分をより大きく見せるための見せ方です。それをやられると、なんとなくうんざりする。私の知人の中にも、有名な歌舞伎役者と知り合いで、「昨日は一緒に食事をした」とか、その前の週は有名な野球選手と「野球を観に行った」と話の中にいちいち有名人の名前を出す人がいます。そして、その歌舞伎役者には「切符を買うという形で貢献している」とか、野球選手には「差し入れを大量に送って貢献したんだ」と言われると、もう完全にげんなりしてしまう。あなたにもきっとそんな体験があるでしょう。

貢献することはとても素敵なこと。でも、貢献を誰かに自慢したら、もうそれは貢献ではなく、自己高揚的自己呈示、自慢です。そのとき、それは貢献ではなくて、自分自身の「selfishness（わがまま）」の領域に入っているはずです。よりよく見られたい、称賛されたいという、その人だけのエゴイズムです。

これについてもさすがに聖書には素晴らしい言葉があります。「右の手の善行を左の手に知らせるな」というのです。右手で何かいいことをしたということを自分の左手にも知らせない。こんなに密やかな貢献の仕方があるでしょうか。そして、それは、ほとんどの人にとって、とても難しいことです。何かいいことをしたと自慢したい気持ちは誰にでもあるのですから。でも、「ちょっといいことをしたかな」ぐらいの言い方に留めましょう。「貢献した」と言った途端に、その貢献は胡散《うさん》臭くなります。

11. 見返りを期待すると何をしてあげても不満が残る

部下を三人持つようになった三十歳のキャリアウーマンが私にふと、「先生、いやになっちゃうわ」と打ち明け話をしました。新しく入った新人と去年から自分の下にいる後輩が失敗ばかりするので、手を貸して直してあげている。その結果、自分の帰りが遅くなっている。

「下が育つことは会社にとっていいことだから、私は頑張ってやっているんです。でも、少しは『先輩、ありがとうございます』とか、『いつもご迷惑をかけてすみません』ぐらい言ったらいいじゃないのかと思うんです。助けてもらいっぱなしって無礼ではありませんか。失礼ではありませんか」

「そうそう、確かに失礼です。でも、お礼を言ってもらいたくて教えたの？　それとも、若い人たちが伸びていくのは素敵なことだと思って教えたの？　ちょっとそれだけ正直に答えて」

「もちろん若い人が伸びていくのはいいことだと思ったんです」というお答えでした。

若い人が伸びていくことはいいことです。しかもそれは、「リーダーシップ」論を学ぶとさらにいいことがわかります。リーダーが快適にリーダーシップを発揮していくためには、部下（フォロアー）がリーダーの気持ちを忖度《そんたく》して、リーダーだったらきっとこうやりたいだろうなと思い、もしもリーダーがいないときでも同じように行動し、リーダーがいるときもリーダーと同じ気持ちで行動すること。

これを私の専門分野ではフォロアーシップと呼びます。フォロアーシップがあるとリーダーの仕事は相当楽になります。だから、若い人が伸びるのはいいことであると同時に、若い人が伸びることは自分にとってもメリットがあるのです。

けれど、お礼を言われないと、なんとなく心が穏やかではない。後輩を育ててあげて、「感謝しています」とお礼の言葉が返ってきたらハッピーでしょう。けれど、見返りを期待したけれど返ってこないことはいくらだってある。例えば、あなたがよくお土産をあげてもまったく返さない人もいるでしょう。そのときに、期待が大きければ、その欲求が満たされない分だけ欲求不満になります。「ちゃんと返したらどうなのよ」と。そうすると自分がイライラするでしょう。

そこで、神様みたいに高級な考え方、いろいろなことをしてあげても相手が何かくれなくても許すなどと思わなくていいのです。もっと現実的にこんなつぶやき方をしたらどうでしょうか。「教えてあげられるのは、私のほうが能力があるから」「お土産をもらわなくてもお土産をあげているのは、私にお土産をあげる経済的ゆとりがあるから」。要するに、「もらうよりもあげているほうが幸せなんだ」と言い換えてみましょう。そうすれば、見返りがなくても、ハッピーではありませんか。

12. サヨナラを言う勇気

この人とお付き合いしていいのかしら、この会社に就職していいのかしら、と何かを始めるとき、私たちはけっこう慎重に状況や自分の能力、自分の気持ちを尋ね、そして、もし、ああ、この人とお友達になりたい、恋人になりたいと思えば、パッとそれに踏み切ります。ところが、そのお付き合いやその仕事が間違いだったと気がついたとき、これがなかなか人間にとって断ち切ることが難しいから困るのです。

私の好きな曲に『Time to Say Goodbye』（イタリア語で『Con Te Partirò』）という歌があります。今あなたと手をつないで、見知らぬ世界に胸を張って出ていくというこの旅立ちの歌は、ときどきお別れの歌と誤解されていますが、古い環境に別れて新しい環境に飛び込む勇気のあるスタートの歌です。

古い環境を断ち切ったり、古い恋人を振り切って前に出る。これってとても勇気がいりますね。ところが、この別れる勇気、サヨナラを言う勇気を持たないと、ずるずると貴重な時間や貴重な人生や貴重なお金を失ったりすることがあります。わかっているのに、別れ話はなかなか切り出しにくいものです。慣れた土地を離れるのも、慣れた人間関係を終わらせるのも、私たちはとても苦手です。日本人はウエットだということもあるでしょう。

今持っているものを手放して、次にどうなるかということがまったく見えないとき、どうしてもサヨナラが言い難い。そして、ついついサヨナラのタイミングを逃してしまうのです。DVの夫とずっと暮らしていて、自分が次の幸せを手に入れるタイミングを逃したとか、自分を引きずり下ろす恋人なのにずるずると別れるタイミングを逃して、ときには覚醒剤やとんでもないところまで落ちてしまった。無いとは言えない話でしょう。サヨナラを言う勇気は、つながる勇気よりも実はもっと大きなエネルギーが要るのです。そこで、サヨナラを言うタイミングをいつまでも狙って「石橋を叩いて渡ろう」と思っていると、いつの間にか渡るべき石橋がなくなっていたり、叩く力がなくなっていたりします。ベストタイミングを逃してしまうというわけです。

そこで、私がよく自分のメモ帳に貼っている言葉をどうぞ。聖書の中で「すべてに時あり」と呼ばれている部分です。そこでは、「泣くのに時があり、笑うのに時がある。出会うのに時があり、別れるのに時がある。建てるのに時があり、壊すのに時がある」というように、すべての事柄に時があると言っているのです。

「その時」を見極めるのにはどうしたらいいのか。やはり今の瞬間瞬間に全力を尽くすことでしょう。全力を尽くして、その人を愛した。けれど、今はサヨナラを言う時。全力を尽くしてその仕事をした。けれど、今は転職をする時。全力を尽くしてやってきたことだったら、そこで打ち切っても後悔がない。全力を尽くさないまま転職したり別れたりすると、それでよかったのかしらと後悔が残ります。サヨナラを言う勇気は、その瞬間まであなたや私がベストを尽くしたかという秤《はかり》を持つこと、それが一番です。

終わりに　「神様との素敵な約束」

処女作『愛して、学んで、仕事して』から三八年。その間にＩＴ化の波ぐらいならば仕事柄「うまく使いこなせばいい」と、それなりの自信もあったけれど、ＡＩが人間の記憶量を上回り、「一般的業務の四八パーセントを占めるだろう」と言われると、自分が思っていたよりも時代の変化が超急激であることが肌感覚でわかる。そんな激変の時代の中で本書を、今を生きる女性への応援歌としてブランニューで書き上げました。

実は、時代の急変と同じように、私自身の身にも大きな変化がありました。大事な人を失って、どん底落ち込みの「失われた二〇〇一年」と、その直後の「松原湖の復活」は、本文でお伝えしたとおりです。

復活の象徴として、私は世田谷区桜上水の地に清楚な建物を建てました。世田谷中央教会の安藤啓子牧師夫人が「優＆愛」と名付けた地下一階地上三階のドイツ風建築に会社と自宅があります。いつでもみんなが集まれるパフォーマンス学のベースキャンプです。

そこに、二人の自分がいます。一人はパフォーマンス学のパイオニアとして一九七九年のニューヨーク単身留学からひたすら研究データと実験を積み上げて切り拓いてきたパフォーマンス学の研究者であり教育者としての私。もう一人は、この建物の定礎式のときに、地下のさらに地下深く、瓶に入れた聖書を埋めて「人々と社会のために生きていこう」と決めた私。その二人目のほうの私が、とくに女性の仲間や後輩への応援歌として書いた本が本書です。

愛して、学んで、仕事をする人生。ここで言う「愛」は、家族、友人、恋人はもちろん、人類すべてへの愛と言ってもよいでしょう。生きている人間すべて、神の下に一人ずつ愛されるべき人として生まれてきたすべての人に対する愛です。

常にやる気満々で止まることを知らない私に今回も編集担当の白山裕彬さんがまん丸な目をして言いました。

「三六〇ページも書いてしまって二二〇ページも削るなんて大丈夫ですか？　まだ

この先も書くのですか？」

はい、書き続けますとも。そういう彼が熱心さ余ってあれこれ追加注文をしてこうなった。それをまた削ったから中身が濃い。

想い溢れる我らから愛を込めて読者のあなたへ。

二〇一九年七月一八日

佐藤　綾子

プロフィール

佐藤 綾子（さとう・あやこ）

日本大学藝術学部教授を経て、ハリウッド大学院大学教授
博士（パフォーマンス心理学）
㈳パフォーマンス教育協会 理事長
㈱国際パフォーマンス研究所 代表
㈳日本カウンセリング学会認定 スーパーバイザー
㈳日本健康医療学会 常任理事

信州大学教育学部卒
ニューヨーク大学大学院パフォーマンス研究学科卒（MA）
上智大学大学院英米文学研究科卒（MA）、同博士課程修了
立正大学大学院心理学専攻、博士（パフォーマンス学・心理学）
パフォーマンス心理学の第一人者として、累計4万人のビジネスリーダーとエグゼクティブ、首相経験者含む54名の国会議員等のスピーチ指導。
単著単行本 本著で194冊目 著作累計323万部

◎関連諸団体とその連絡先

(1) 佐藤綾子のパフォーマンス学講座®

(文部科学省認可 (社)パフォーマンス教育協会後援団体)

【連絡先】国際パフォーマンス研究所
〒156-0045 東京都世田谷区桜上水4-18-26
Tel:03-5357-3855 Fax:03-3290-0590
HP:http://www.spis.co.jp/
E-mail:spis@spis.co.jp

1994年4年に創立された、長年の歴史と高い評価を誇る、社会人のための自己表現能力向上セミナーです。公認パフォーマンスカウンセラー資格、文部科学省認可団体社団法人パフォーマンス教育協会認定インストラクター資格を取得できます。1講座を聴講できる特別公開講座もあります。入学案内書をお送りいたします。

(2) 社団法人パフォーマンス教育協会(国際パフォーマンス学会)

(文部科学省認可 (社)パフォーマンス教育協会後援団体)

【連絡先】社団法人パフォーマンス教育協会
(国際パフォーマンス研究所内)
Tel:03-5357-3858 Fax:03-3290-0590
HP:http://www.ipef.jp/
E-mail:ipef@spis.co.jp

1992年10月に創立された、日本初の産学共同体制の学会です。コンベンション、勉強会、ワークショップ等を行い、会員には機関誌、ニューズレターを配布します。入会案内書をお送りいたします。

アチーブメント出版
〔twitter〕@achibook
〔Instagram〕achievementpublishing
〔facebook〕http://www.facebook.com/achibook

愛して 学んで 仕事して
～女性の新しい生き方を実現する66のヒント～

2019年（令和元年）9月2日 第1刷発行

著 者――佐藤綾子
発行者――塚本晴久
発行所――アチーブメント出版株式会社
〒141-0031 東京都品川区西五反田2-19-2
荒久ビル4F
TEL 03-5719-5503／FAX 03-5719-5513
http://www.achibook.co.jp

装 丁――鈴木大輔（ソウルデザイン）
カバーイラスト―mitsuru ishimasa
本文デザイン――キヅキブックス
本文イラスト――須山奈津希
校 正――株式会社ぷれす

印刷・製本――株式会社光邦

 ISBN 978-4-86643-058-4